R 35823

Paris
1840

Ferrari, Giuseppe

De l'Erreur

DE L'ERREUR,

PAR

J. FERRARI.

PARIS,
IMPRIMERIE DE MOQUET ET COMPAGNIE,
RUE DE LA HARPE, 90.
1840

35823

DE L'ERREUR,

PAR

J. FERRARI.

PARIS,
IMPRIMERIE DE MOQUET ET COMPAGNIE,
RUE DE LA HARPE, 90.
—
1840

Suivre les progrès de la théorie de l'erreur dans l'histoire, la développer par la discussion des philosophies modernes, montrer quelles sont les garanties que la méthode offre à la pensée, voilà le sujet de ce mémoire.

Puisqu'aucune idée ne doit se présenter sans but et sans traditions, il fallait bien éclairer notre investigation par l'histoire, et en donner les conséquences en parlant de la méthode. Nous n'indiquons pas d'avance notre plan ; nous espérons qu'il se justifiera de lui-même. Ce n'est pas sans peine que nous lui avons trouvé des limites ; car on ne peut parler des illusions, sans parler de ce qui existe réellement, et pour isoler notre sujet sans le mutiler, il était nécessaire de se souvenir que le plus beau livre sur l'erreur a pour titre : *De la Recherche de la Vérité.*

CHAPITRE I.

De la philosophie ancienne.

L'école d'Elée, en révoquant en doute l'expérience, est la première qui ait tracé une vaste théorie de l'erreur. Le sens, pour Xénophane, n'offre que les objets en particulier, c'est la raison qui en saisit l'ensemble; mais elle conduit à l'unité, à l'infini, et le monde, d'après elle, doit être un, immuable, éternel, sans bornes. Donc la nature, telle qu'elle se manifeste dans nos sensations, est incompréhensible; les objets matériels sont hors de la vérité. S'il y a un être infini, comment sera-t-il possible de concevoir la pluralité des êtres? Ils le délimiteraient; il cesserait d'être infini.—Parménide en concluait que les sens sont illusoires, tandis que l'esprit est nécessairement borné à des spéculations abstraites. Par les sens on touche les objets, par l'esprit on les pense ; mais il est impossible de réunir la sensation à la pensée : donc toutes nos connaissances sont conjecturales ; si on rencontrait la vérité, on ne pourrait pas la reconnaître. — L'opposition entre l'unité et la variété donnait une alternative perpétuelle entre deux affirmations, l'une rationnelle, l'autre expérimentale : Zénon se chargea de la développer ; il passe pour l'inventeur du dilemme. La substance, suivant lui, présente des qualités contradictoires : indivisible, elle se réduit à rien ; divisible, elle n'est plus la substance ; finie, elle cesse d'être : infinie, elle exclut toute limite. L'espace se trouve dans une alternative analogue : s'il est dans l'infini, il le borne ; s'il n'est pas dans l'infini, il n'est nulle part. En détruisant la notion de l'espace, on détruit celle du mouvement. Si un corps parcourt un espace divisible à l'infini, le mouvement est en même temps fini et infini ; si l'espace n'est pas divisible à l'infini, alors il est impossible de concevoir comment le corps passe d'une partie à l'autre de l'espace. Il faut nier les corps, le mouvement, la nature, pour se soustraire à cet immense dilemme entre la raison et l'expérience.

L'école des atomistes prit pour point de départ le fait du mouvement. Il existe, disait Leucippe ; donc il y a le vide ; donc il y a le plein et le vide, plusieurs pleins et plusieurs vides ; donc le monde est composé d'un nombre infini d'atomes et de vides. Il en résulte que la réalité est dans la nature niée par Xénophane, et non pas dans cet être unique et absolu qui rend impossible le monde extérieur.

— Poursuivant dans la psychologie les conséquences de l'école atomistique, Démocrite donna une théorie expérimentale de l'erreur, en opposition à la théorie rationnelle des Éléates. Suivant lui, les idées sont les fantômes des corps ou des dieux, qui viennent à nous. S'ils ne faisaient que traverser le vide, nos connaissances seraient exactes; nous verrions une fourmi dans le ciel. Mais les fantômes sont altérés, 1° par le milieu qu'ils traversent; 2° par la variabilité des objets dont ils se détachent; 3° par la variabilité du sujet qui les reçoit: l'âge, le sexe, le tempérament changent en effet l'impression que les objets produisent sur nous. Quel sera donc le critérium de nos connaissances? La vérité étant dans les objets extérieurs, il faut la saisir par les sens; mais comme la raison seule est invariable, c'est elle qui doit la juger.

L'école d'Élée avait attaqué l'expérience; les atomistes ne l'avaient pas complétement justifiée; la voie était ouverte au scepticisme, et il se déclara avec les sophistes. Si la vérité est dans les sens, disait Protagoras, elle n'est que relative, toutes les sensations les plus contradictoires sont vraies; et il écrivait deux traités, l'un sur les dieux, l'autre contre les dieux. Gorgias demandait si la vérité est dans le négatif ou dans le positif; il niait le négatif, parce qu'il n'est pas; le positif, parce qu'il serait en même temps infini et multiple, éternel et ayant eu un commencement. L'incertitude de la connaissance humaine implique celle du langage, et les sophistes n'oubliaient pas de dire que la parole ne peut pas transmettre les idées soit connues, soit inconnues, attendu qu'elle ne les contient pas. Ce scepticisme dialectique portait ses fruits dans la pratique; l'immoralité des sophistes était célèbre ; ce fut elle qui provoqua la réforme de Socrate.

Les sophistes ne faisaient qu'exploiter les débats des Éléates et des atomistes, sans avancer la théorie de l'erreur ; elle ne fit des progrès qu'avec la science elle-même, avec Socrate et Platon qui la présentèrent sous un nouveau point de vue. Suivant eux, la vérité était dans les idées qui planent au dessus du monde extérieur, et partant de Dieu, donnent la pensée à l'homme, les formes à la matière. Qu'est-ce que la science pour Platon ? C'est la réminiscence des idées ; de là l'interrogation socratique pour réveiller les idées latentes dans l'homme ; de là la nouvelle forme de l'induction qui, passant d'une notion à l'autre, parcourt en même temps la double échelle des êtres et des idées. Où devait donc se trouver l'erreur, suivant Platon ? Dans ce qui troublait l'harmonie entre les deux mondes de la nature et des idées : comme Pythagore, il imputait toutes les aberrations aux sens et à la passion. Pour lui, l'erreur était une espèce d'idolâtrie, qui oubliait les types éternels de la vérité, pour s'arrêter aux images décevantes du sens et de la fantaisie.

Aristote a saisi l'erreur sous une nouvelle forme. Il remplaçait les idées de Platon par les catégories. Loin de trouver dans l'entendement la vérité toute faite, il la cherchait dans la combinaison logique des forces de l'entendement, avec les matériaux fournis par la sensation. C'est par le langage qu'il acheva sa vaste analyse de la connaissance. A son époque, le langage philosophique présentait comme en relief le mouvement de la pensée ; chaque école se construisait ses formules, les Éléates avaient trouvé le dilemme, Socrate l'induction. L'école de

Mégare, qui finissait par n'admettre que les jugements identiques, avait fermé le passage d'une idée à l'autre, par les célèbres sophismes d'Eubulide. C'étaient des raisonnements embarrassants dans un temps où la pensée était si adhérente à la parole, que dans la discussion, il fallait réfuter exactement les formes par les formes. Or, Aristote aborda par le langage toutes les combinaisons possibles de la raison ; il examina les notions dans la parole, le jugement dans la proposition, les versions de la pensée dans les conversions des propositions, et de cette manière, il arriva à la découverte du syllogisme, où il put réunir, avec le terme moyen, les plus hautes généralités de la raison, aux particularités de l'expérience. Rien de plus étonnant que le grand ouvrage de l'Organon ; on y trouve le génie de l'invention joint à celui de l'observation; la pensée y est étudiée sous toutes les faces, et le mouvement artificiel de la dialectique se superpose au mouvement intime des idées avec une exactitude miraculeuse. L'importance qu'Aristote accorda à la raison, et le rôle qu'il donna à la dialectique, le conduisirent à étudier les écarts de la première dans les aberrations de la seconde. D'après la théorie des sophismes, l'erreur peut se glisser dans le raisonnement ou dans le syllogisme, de treize manières : 1° par des équivoques de mots ; 2° par des équivoques de phrase ; 3° par des ambiguités de syntaxe, si elle réunit ce qui doit être séparé, ou 4° si elle divise ce qui doit être uni ; 5° par des ambiguités de prosodie, d'accent ou de prononciation ; 6° par des ambiguités résultant de quelques équivoques du discours. 7° On se trompe ensuite en prenant l'association accidentelle pour nécessaire ou naturelle,

8° ou le relatif pour l'absolu ; 9° en prenant pour cause d'une chose, ce qui en est l'occasion, ou la circonstance concomitante ; 10° si on suppose ce que l'on doit prouver ; 11° quand on ignore la question, c'est-à-dire quand la conclusion du syllogisme n'est pas la chose qu'il s'agissait de prouver, mais quelque autre chose avec laquelle on l'avait confondue ; 12° quand on prend pour conséquence ce qui ne dérive pas des prémisses. 13° Le dernier sophisme consiste à jeter en avant certaines propositions complexes qui impliquent deux affirmations, dont l'une peut être vraie, l'autre fausse ; de telle sorte que l'on ne puisse échapper, soit qu'on admette la proposition, soit qu'on la rejette. — Les six premiers sophismes tombent sur les mots, les autres sur les choses ; on les réduit tous au onzième, qu'on appelle *ignoratio elenchi*, et qui consiste à confondre une chose avec une autre.

Jusqu'ici la philosophie grecque avait douté de la sensation : les atomistes ne l'acceptaient que pour l'opposer aux Éléates, ils la trouvaient erronée en elle-même. L'école Cyrénaïque la prenait pour guide dans la vie, lui laissant juger le bien et le mal, et s'en méfiait dans la recherche de la vérité. Anaxagore l'avait contredite ; il disait que la neige était noire. Héraclite et Empédocle l'avaient rejetée comme un critérium incertain. Ce fut Épicure qui se chargea de la justifier. Pour lui les sens étaient infaillibles, et le jugement seul trompeur. Si une tour carrée semble ronde, ce n'est pas à la sensation, vraie en elle-même, qu'il faut s'en prendre, mais à l'opinion qui la rapporte à la tour carrée. Ainsi d'une foule d'autres illusions. Au sens et à la passion, premiers principes du vrai et du bon, Épicure ajoutait un troisième critérium, la prénotion, dont le rôle était de conduire du connu à l'inconnu par induction, par analogie, par proposition et par composition. Épicure écartait les éléments rationnels; par là il se trouva délivré de tout le mouvement artificiel de la dialectique; il se bornait à l'exposition claire et simple des idées. Mais cette révolution était trop hâtive : en abandonnant la dialectique, il se trouva désarmé au milieu des écoles de la Grèce; il ne sut pas répondre au célèbre dilemme contre son double dogme de la liberté et du hasard (1).

Les Stoïciens et les Sceptiques sont les derniers philosophes de la Grèce. Les premiers acceptent l'évidence des sens telle qu'Épicure l'avait reconnue. Pour eux, rien d'inné dans l'entendement qui reçoit ses idées par les impressions et les fantômes des choses extérieures. Mais, si les matériaux de la connaissance sont fournis par la sensation, c'est l'entendement qui connaît, qui affirme, qui comprend; la pensée s'accomplit par la compréhension de l'entendement (κατάληψις). De là les différences entre les Stoïciens et les Épicuriens; de là les formes dialectiques qui reparaissent de nouveau dans l'école de Zénon; de là la recherche de cette certitude stoïcienne qui excluait de la philosophie, les probabilités; de la rhétorique, l'éloquence; de la morale les gradations dans les vertus et les vices. Suivant les Stoïciens, le sage ne devait ni douter, ni se bor-

---

(1) Toute chose est vraie ou fausse; par conséquent, la proposition suivante est aussi vraie ou fausse : *Epicure vivra demain*. Donc Epicure vivra ou mourra demain nécessairement, donc il n'y a ni liberté ni hasard dans le monde.

ner à avoir de simples opinions; il devait viser toujours à une vérité inébranlable. Le sorite était l'instrument dont ils se servaient pour enchaîner les vérités secondaires à un principe supérieur, et ils parvenaient ainsi par une longue chaîne de conséquences rigoureuses jusqu'aux idées les plus éloignées. Les sept sophismes des Stoïciens expriment toute la fatalité de leur philosophie, sans profiter nullement à la théorie de l'erreur.

Le scepticisme savant de l'Académie et des Pyrrhoniens transforma toute la science en une vaste théorie de la faillibilité humaine. L'Académie ne reconnaissait aucune vérité absolue. Les mêmes idées, disait Arcésilas, sont communes aux sages et aux fous : cependant elles sont vraies chez les uns, et fausses chez les autres. La proposition ne prouve pas la connaissance objective, la conviction non plus ; elle est aussi puissante dans la vérité que dans l'erreur. Carnéade, généralisant ces objections, affirmait que la vérité n'a pas de caractère fixe. Il fondait sa philosophie sur les probabilités, c'est-à-dire, 1° sur la sensation qui correspond à un objet; 2° sur la vraisemblance ; 3° sur la vraisemblance que rien ne contredit ; 4° sur l'harmonie de toutes les probabilités. L'académie opposait ainsi à la certitude absolue, la vraisemblance ; à la compréhension des Stoïciens, l'incompréhensibilité des objets, la suspension éternelle de l'assentiment (ἀκαταληψία).

Les Pyrrhoniens passèrent de l'acatalepsie à l'anéantissement de la connaissance (ἀταραξία). Ils opposèrent le jugement au jugement, la sensation à la sensation, le jugement à la sensation, chaque objet à lui-même, puisqu'il est divers à des époques différentes. Voici leur classification de toutes les idées, ou plutôt de toutes les erreurs. Suivant eux, les idées varient : 1° d'après la différence des animaux ; 2° des hommes ; 3° des sens ; 4° des circonstances ; 5° des positions ; 6° des mélanges ; 7° des compositions ; 8° d'après le sujet auquel elles se rapportent ; 9° d'après leur conformité avec les habitudes ; 10° d'après les institutions, les mœurs, les lois de chaque pays. — D'abord la vue, le tact, l'odorat ne sont pas les mêmes chez tous les animaux ; telle matière corrompue, qui est en horreur aux uns, est avidement recherchée par les autres. — Les mêmes différences se reproduisent parmi les hommes ; la variété des goûts est infinie ; la manière de vivre change d'un peuple à l'autre ; les uns se nourrissent de ce qui tuerait les autres ; de là tant de diversité dans les passions et dans la manière d'envisager les mêmes objets. — Ces contradictions se retrouvent chez le même individu ; car nous sommes à la merci de nos sens, et ceux-ci nous donnent les témoignages les plus opposés sur les mêmes objets. Un tableau semble en relief à la vue ; il est poli au tact ; tel onguent est agréable à l'odorat et horrible au goût. Peut-être les choses n'ont-elles qu'une qualité que nous apercevons de plusieurs manières d'après la diversité de nos sens. Peut-être aussi ont-elles d'innombrables qualités, et nous ne percevons que celles qui ont un rapport avec nos sens. — Les circonstances sont une autre source de variété. L'état de veille, de sommeil, l'âge, le sexe ; nos dispositions physiques, nos passions, l'état de mouvement ou de repos, tout sert à altérer, à changer nos idées. Le même bain est froid, si l'on sort de l'eau chaude, et chaud, si l'on sort d'un bain plus froid. — Il y a aussi la position qui modifie les objets. Le même édifice, le même portique se dessinent diversement devant nous, suivant le point de vue où nous sommes : une rame semble brisée dans l'eau, hors de l'eau elle est droite. — Le mélange altère tout, et cependant nous ne voyons rien d'isolé. Le même parfum est presque sans odeur au froid; exposé au soleil ou dans un bain chaud, il devient fortement odorant.—La composition est une autre source d'altération ; tel objet semble blanc, il est noir à l'intérieur. — Tout est relatif. Les notions que nous considérons comme absolues, universelles, ne sont rien, si on ne les perçoit pas ; si on les perçoit, elles sont relatives : elles se rapportent à nous, et subissent la variété et la contradiction de tout ce qui est relatif. — L'habitude de voir un objet en change l'impression : nous ne faisons pas attention au soleil ; cependant la moindre étoile qui paraît dans le ciel nous étonne. — Enfin, les institutions, les lois, les mœurs, les religions sont d'inépuisables sources d'erreurs et de contradictions. Les toges à plusieurs couleurs sont décentes en Perse, indécentes en Grèce. Chez les Romains c'est une honte, chez les Rhodiens, c'est un devoir, pour le fils de renoncer au testament de son père.

Agrippa et un autre Pyrrhonien ont ajouté sept autres sources de doutes; mais elles rentrent dans celles que nous venons d'indiquer, et celles-ci, à leur tour, se réduisent aux variétés dérivant du sujet qui connaît, de l'objet connu, et de leur rapport. Sextus Empiricus les a développées avec une puissance de dialectique et une étendue d'érudition qui nous forcent à le regarder comme le représentant le plus complet de la philosophie sceptique.

Il trouvait impossible d'établir un critérium de

la vérité. S'il n'est pas démontré, disait-il, il n'a pas de valeur ; si on le démontre, on doit remonter à un autre critérium, et ainsi de suite jusqu'à l'infini. Au reste, qui doit juger ? Par quelle faculté doit-on juger ? Suivant quelle règle ? L'homme ne peut pas être juge de la vérité, il ne se connaît pas, et d'ailleurs il juge sans preuves, ce qui est absurde, ou avec des preuves qui demandent elles-mêmes à être examinées. Or, qui les examinera ? Les facultés de l'esprit par lesquelles on juge sont les sens ou l'entendement. Les premiers sont inintelligents ; si on les suppose intelligents, ils se contredisent ; un navire sera en même temps en repos et en mouvement, parce qu'il présente ces deux apparences. L'entendement à son tour se trouve en contradiction, d'abord avec l'expérience, l'école d'Élée l'a prouvé ; ensuite avec les autres entendements, témoin la variété et l'opposition de toutes les opinions humaines ; enfin avec lui-même, car en observant la nature, il peut également la soumettre à la Providence, ou à la fatalité. La règle d'après laquelle on peut juger, se réduit encore à la fantaisie ou à la sensation ; l'une et l'autre sont détruites par les observations précédentes.

S'il n'y a pas de critérium, si la raison n'est pas impersonnelle, la connaissance flotte au gré de toutes les relations, de tous les hasards : la logique manque de base, le syllogisme de prémisses, l'induction de données, les genres et les classifications restent arbitraires. Ces conséquences sont évidentes. D'un autre côté, les notions de temps, d'espace, de causalité restent indémontrables, incompréhensibles ; la sensation ne peut pas les justifier, la raison les nie avec les Éléates. La morale est détruite de fond en comble ; car si le bien est universel, comment se fait-il que les peuples et les philosophes le cherchent par des voies si opposées ? S'il n'est pas universel, il est relatif; donc il n'existe pas dans la nature qui reste indifférente à toutes les victoires et à toutes les dominations. Le langage n'est pas plus certain que les idées; si celles-ci sont relatives, les signes n'ont qu'une valeur relative, et ils changent de sens suivant qu'ils se rapportent aux idées diverses que l'on se forme du même objet... C'est ainsi que Sextus Empiricus attaquait toutes les vérités, depuis les méthodes jusqu'aux mathématiques. Il a accusé toutes les connaissances, toutes les notions du sens commun, tous les principes fondamentaux, toutes les philosophies du monde ancien, et il a donné l'inventaire le plus vaste et le plus consciencieux qu'on ait fait des erreurs, des doutes et de sophismes.

CHAPITRE II.

Transition de la philosophie ancienne à la moderne.

La philosophie grecque finit avec Sextus Empiricus : après lui, harcelée de doute en doute, ne trouvant à Rome l'appui d'aucune idée nouvelle, elle se réfugie dans les écoles d'Alexandrie. Là, les contradictions entre le sens et la raison, le relatif et l'absolu disparaissent ; car on dédouble l'univers, et on rapporte le temps, le fini, le relatif au monde de la nature, l'éternité, l'infini, l'absolu au monde des intelligences. Le Néoplatonisme livra le monde visible aux contradictions de l'expérience ; il sauva la raison en la transportant dans le monde invisible. Plus tard, cette division des deux mondes passa dans le christianisme, qui triompha momentanément de la philosophie, pour triompher en même temps de toutes les croyances du monde ancien. Le paganisme, déjà miné par les progrès de la raison, s'écroula, les oracles se turent, cette fantasmagorie de l'Olympe s'évanouit, les derniers prêtres de l'Égypte et de la Grèce se trouvèrent forcés de la résoudre en allégories. D'un autre côté, les religions orientales qui, répétant les incarnations, multipliaient les prodiges dans le passé et dans l'avenir, se trouvèrent tout à coup simplifiées par le dogme d'une seule rédemption, et le ciel fut ainsi nettement séparé de la terre ; celle-ci resta aux hommes, à la science, à la raison, tandis que la foi s'éleva dans le ciel pour compléter toutes les explications de la science. On conçoit que la philosophie ait déserté les écoles ; il s'agissait de changer les cultes et les constitutions des sociétés anciennes où les dieux vivaient encore au milieu des hommes. Nous ne nous arrêterons ni à la philosophie alexandrine ni au christianisme ; la première cède trop tôt à l'inspiration, le second s'occupe plus du péché que de l'erreur ; l'une et l'autre se bornent à accuser vaguement les sens, la volonté, la partie irrationnelle de la nature humaine. Vers la fin du IVe siècle, le christianisme semblait revenir à la philosophie par la voie des interprétations allégoriques de la Bible ; Origène expliquait la chute de l'homme comme les philosophes anciens avaient expliqué les théogonies païennes ; mais ce travail fut interrompu par les barbares, ils apportèrent de nouveaux éléments de foi ; les saints se multiplièrent, la religion se constitua dans la papauté, et sa dissolution fut ajournée pendant dix siècles.

Au moyen-âge toutes les idées rétrocédèrent, elles rentrèrent dans les symboles ; les sciences se réunirent de nouveau à la religion. La morale fut comprise dans les actes matériels de la confession et des sacrements ; la philosophie médita Dieu, l'homme et la nature d'après les données de la Bible, les *actiones legitimæ* de l'ancien droit quiritaire se reproduisirent dans les formules du droit féodal ; ce fut dans l'énorme certitude des ordalies et des témoins armés qu'on chercha la vérité du droit, et pendant que la philosophie se laissait absorber par la religion, la religion par la papauté, le droit par les superstitions de la jurisprudence barbare, la logique devint à son tour la dialectique des scholastiques dont les formules furent les véritables *actiones legitimæ* de la philosophie. Qu'on nous permette d'insister sur ce dernier phénomène; il n'a pas été signalé par la philosophie de l'histoire, et cependant il se rapporte à une des plus grandes lois de l'esprit humain. Quand la pensée ne peut pas se hasarder seule, elle doit chercher des garanties matérielles, et chaque solennité, chaque cérémonie aux époques barbares, fut comme une forteresse dans laquelle les idées purent se retrancher et se fortifier. Hors de là, elles se seraient perdues. Si le barbare peut éluder la lettre du serment, il le viole; il faut donc qu'il lui obéisse jusqu'à sacrifier sa fille comme Jephté. Sans le syllogisme la pensée se serait égarée; les syllogismes, les modales, les conversions des propositions, toutes ces espèces d'armures, de flexions artificielles, d'articulations de fer forgées dans une langue spéciale, celle du latin, étaient indispensables pour soutenir une science qui n'aurait trouvé ni formes, ni expressions dans les langues de Froissard, *du Romancero* et des anciennes chroniques. De là l'enthousiasme des philosophes pour la dialectique, elle fit leur force; ces logiques de *Petrus Hispanus*, de Paulus Venetus, ces *claves magnæ* qui nous font horreur, étaient vraiment les clefs de la sagesse du temps. Raymond Lulle a été proclamé comme l'auteur d'une révolution qui mettait entre les mains des hommes les notions de toutes les sciences; cependant son art n'était qu'une vaste succession de formules circulant à travers les catégories d'Aristote.

La jurisprudence, la philosophie, la religion, tout s'est spiritualisé parmi nous; les sciences peuvent parler la langue du peuple. La Sorbonne argumentant par syllogismes en *barbara celarent* serait aussi étrange que la cour d'assises jugeant par les épreuves de l'eau et du feu. Mais l'esprit humain est passé par là, ces formes qui nous semblent ses chaînes ont été ses lisières. Au reste, on les trouve dans toutes les civilisations arriérées de l'Inde, de la Chine, des Arabes; toutes soumettent la pensée à une espèce d'assonnance avec la parole, à une espèce d'allitération. La philosophie grecque a fait le même apprentissage, chaque école avait sa figure logique; il fut un temps où le sophisme des *cornes* pouvait arrêter une discussion. Aristote lui-même n'a triomphé des sophismes qu'en se faisant le législateur de la dialectique. Il se servait de la liberté de la pensée que Platon venait de conquérir, pour trouver les lois de ses mouvements dans le langage. En observant un esclavage tout récent, avec une liberté toute nouvelle, il a pu réunir la force de la pensée à celle de la parole, et son Organon est devenu, par la force même des choses, le code de tous les philosophes du moyen âge, quand la pensée est retombée sous le joug de la forme. Les Arabes et les Européens ont considéré le Stagirite comme un Messie; en effet, il semblait descendre du ciel pour donner à la raison un appui qu'on n'aurait pu trouver dans aucun des philosophes de la Grèce.

L'influence des formes scolastiques dura jusqu'à la fin du XVIe siècle, malgré les efforts de la renaissance et les antipathies contre Aristote. Voici quelques exemples de leur longévité : en 1580, Giordano Bruno se servait encore de l'art de Raymond Lulle; en 1600, à Naples, on croyait que Campanella s'était procuré son immense érudition par le secours de cet art. Vers la moitié du XVIIe siècle, on disait encore *homo unius syllogismi*, pour dire homme d'une seule idée. Vico, en 1674, faisait ses premières études de philosophie sur les logiques de deux scholastiques du XIV° siècle. Mais les temps avaient changé. Campanella, loin de se servir de l'art de Raymond Lulle, le flétrissait comme un art de mots : s'il avait été utile à Giordano Bruno, ce n'est que comme mnémonique. Bacon considérait les formes scholastiques, comme des forteresses qui défendaient les erreurs de l'antiquité et du moyen-âge. Vico ne sut pas résister aux formes de ses vieilles logiques ; il en fut si profondément dégoûté, dit-il, qu'à son grand regret il abandonna les études philosophiques pendant un an et demi. Il en fut de la dialectique comme de toutes les institutions humaines ; après avoir rempli sa mission, elle devint une tyrannie ; après avoir soutenu les plus grands hommes du moyen-âge, elle faillit étouffer un des plus beaux génies de la philosophie moderne. Nous pouvons justifier et admirer l'Organon d'Aristote, rien de plus juste et de plus permis ; mais s'il n'avait pas été inventé, on ne pourrait pas le refaire. Il y a des arts qu'on ne veut plus imiter, d'autres qui se perdent : la dialectique est de ce nombre ; on peut la vérifier dans les livres, mais le caprice d'un génie ne saurait la reconstruire.

On conçoit, d'après cette digression apparente, que la scolastique ait dû chercher les erreurs plutôt dans la forme qu'ailleurs. Les 13 sophismes d'Aristote sont les seules causes d'erreur qui figurent dans les logiques du moyen-âge. Dans les traités sur l'âme, on impute l'erreur à la raison, à la volonté, aux sens, etc.; mais on ne dépasse jamais les analyses qu'avaient données les anciens. — On peut dire la même chose des systèmes de la renaissance. Le but pratique des philosophes des 15° et 16° siècles était de refaire ou d'attaquer la religion. Dans le premier cas ils remontaient à son point de départ, à la philosophie alexandrine, et ils espéraient qu'au bout de leur travail ils se trouveraient d'accord avec la Bible. Dans le second cas, ils développaient leur philosophie avec une liberté païenne, et ils attaquaient le christianisme en s'aidant de cette critique ancienne qui avait déjà détruit une autre religion, le polythéisme. Malgré l'originalité de quelques philosophes de la renaissance, malgré leur but tout moderne, malgré la présence du christianisme, leur histoire pourrait se réduire en grande partie à l'histoire de la philosophie ancienne dans la philosophie moderne ; et par conséquent on verrait figurer les théories anciennes de l'erreur dans leurs systèmes.

CHAPITRE III.

De la philosophie moderne.

Nous avons vu que Sextus Empiricus a fermé la série des philosophes de la Grèce ; il est aussi le dernier philosophe reproduit par la renaissance, et il assiste au commencement de la philosophie moderne. Quels sont en effet les pères de la philosophie moderne ? Bacon et Descartes. Quel est leur point de départ ? Bacon commence par dénombrer les *idola*, c'est-à-dire les causes d'erreur ; Descartes commence par révoquer en doute toutes les connaissances. Tous deux rejettent la scolastique, tous deux enveloppent la science dans un scepticisme préliminaire, pour la renouveler.

Descartes a été sceptique en spiritualiste. Les opinions, disait-il, s'opposent aux opinions, les systèmes aux systèmes ; nos sens, notre imagination nous ont trompés des milliers de fois : il y a des fous qui se croient rois, d'autres qui se figurent avoir un corps de verre. Y a-t-il un critérium qui distingue le bon sens de la folie ? Quand même on l'aurait, nos rêves ne sont-ils pas une espèce de folie intermittente ? Nous croyons bien que ce qui est devant nous existe, mais nous avons cru avec une foi égale aux illusions de nos rêves. Enfin, nos sens eux-mêmes ne pourraient-ils pas être des déceptions permanentes ? Ne pourrait-il pas y avoir *quelque génie grand trompeur, très-rusé et très-puissant* qui nous aurait doué des illusions occasionnées par nos sens, pour se jouer continuellement de notre intelligence ? — Il n'était pas possible d'aller plus vite et plus loin ; dans la seconde méditation, Descartes sort de ce scepticisme par la donnée unique de la pensée ; mais il exige de la volonté un tel effort pour se défendre de ce génie grand trompeur, qu'il fonda l'idéalisme.

Le scepticisme de Bacon, entièrement expérimental, ramena toutes les erreurs à quatre classes. 1° Il y a d'abord, dit-il, les fantômes de race ; ils ont leur source dans la nature même de l'homme, qui, par un instinct irrésistible, se donne pour la mesure de l'univers dont il est la moindre partie. On doit mettre dans cette classe, les fausses analogies, les préoccupations, les erreurs de l'entendement qui ne veut pas s'arrêter au fini, au temps, et qui aspire à l'infini, à l'éternité ; les passions qui enfantent des sciences arbitraires, l'amour des abstractions, et la stupeur et l'incompétence de nos sens, qui souvent fondent nos connaissances sur des illusions. 2° Chaque homme a une sorte de caverne ou antre individuel qui rompt et corrompt la lumière naturelle, en vertu de différentes causes, telles que la nature particulière de chaque individu, l'éducation, les conversations, les lectures, les sociétés, l'autorité des personnes qu'on admire et la diversité des impressions qui changent d'après les dispositions du moment. Toutes les opérations de l'esprit humain sont presque entièrement le produit du hasard, chaque homme voit les choses à travers les idées de sa profession, de son système ; tel philosophe, comme Démocrite, fractionne la nature par manque de synthèse ; Aristote construit le monde avec les catégories, parce qu'il affectionne la logique. 3° Il y a

aussi les fantômes de convention ou de société; leur source est dans le langage. Le sens des mots varie d'individu à individu; de là d'innombrables inexactitudes, des confusions inexplicables, des entités chimériques qui n'existent que dans les mots, tandis que les choses réelles restent souvent sans nom. 4° Il y a enfin les fantômes originaires, ce sont les dogmes inventés par la philosophie; Bacon les appelle fantômes de théâtre. « Car tous ces systèmes
» de philosophie qui ont été successivement inventés
» et adoptés, sont comme autant de pièces de théâtre
» que les divers philosophes ont mises au jour, et sont
» venus jouer chacun à leur tour, pièces qui repré-
» sentent à nos regards des mondes imaginaires et
» vraiment faits pour la scène. » Il est impossible de les dénombrer : ils se réduisent en général à ces philosophies empiriques, sophistiques, ou superstitieuses qui ont dominé les esprits depuis Démocrite jusqu'à nos jours.

Il est de la dernière évidence que le scepticisme de Sextus Empiricus sert de préface à la philosophie moderne. Si on en doutait, il suffirait de jeter les yeux sur les derniers philosophes de la renaissance, de citer les noms de Montaigne et de Charron; certes, ceux-ci avaient bien profité de la lecture des anciens sceptiques. Lamotthe-le-Vayer avait donné l'apologie du pyrrhonisme; il attaquait la morale, les dogmes, il détruisait la certitude par les contradictions des usages, des religions, des mœurs de tous les peuples. Campanella, le Bacon de l'Italie, commence sa philosophie par une introduction sceptique nettement tirée des anciens pyrrhoniens. Hirnhaym, Agrippa, d'autres étaient sceptiques tout en croyant à la religion. L'impuissance de la scolastique faisait sentir les doutes de la philosophie ancienne dans toute leur force; ils provoquaient une révolution philosophique, et le jour où Descartes posa la pensée, Bacon l'expérience, elle fut accomplie.

La théorie de l'erreur suivit cette révolution et se présenta sous un nouveau point de vue. Sextus Empiricus dénombrait toutes les erreurs, la philosophie moderne les superposa exactement aux facultés de l'âme; les anciens les avaient considérées d'une manière logique ou ontologique, chez les modernes la théorie de l'erreur devint exclusivement psychologique; les anciens avaient parlé des erreurs, les modernes ont parlé de l'erreur.

Mallebranche fut le principal auteur de cette innovation. Nous donnerons une idée de son travail; cela nous servira à établir les préliminaires d'après lesquels nous discuterons ensuite les causes de l'erreur.

Pour Mallebranche il n'y a que deux facultés fondamentales, l'entendement et la volonté; le premier ne fait que percevoir, c'est la volonté qui juge, donc c'est elle qui nous jette dans l'erreur. Tout ce qui peut arracher un jugement à la volonté est occasion d'erreur; par conséquent les sens, l'imagination, le jugement, les inclinations, les passions, sont autant d'occasions d'erreurs.

1° Les sens nous trompent de mille manières; toutes nos idées sur la grandeur, sur la figure des corps sont relatives, flottent au gré des illusions d'optique. Il n'y a pas deux individus ayant les mêmes organes, la même force de vue, d'ouïe; comment pourrions-nous avoir des idées absolues sur les qualités des corps? Nous attribuons le goût, l'odeur, la couleur, la lumière, la chaleur, aux objets extérieurs ; cependant elles ne sont qu'en nous, il n'y a rien hors de nous qui corresponde à ces sensations. Il y a plus ; par une erreur naturelle instinctive, irrésistible, commune à tous les sens, nous rapportons la cause de nos sensations à des objets, nous croyons à l'existence de l'univers; c'est là une croyance arbitraire, car l'ame ne peut pas sortir d'elle-même pour la vérifier. Ainsi, les sens nous donnent une idée complétement fausse et fantastique de la nature ; s'ils servent pour notre conservation, ils sont impuissants à découvrir la vérité.

2° L'imagination varie d'après l'âge, le sexe, les habitudes, l'organisation; il n'y a pas deux individus qui aient la même imagination, donc il n'y a pas deux hommes qui envisagent les choses au même point de vue. L'étude, les sciences, les lettres, la société, la vie, tout est soumis à l'influence de l'imagination. La servilité qui enchaîne à l'opinion des anciens, le dédain pour les novateurs, les lubies des commentateurs, les faux systèmes inventés par l'envie de tout changer, le scepticisme vulgaire de ceux qui n'ont ni la force de créer, ni l'humilité d'accepter aucun système, ce sont là des erreurs dues à l'imagination qui se sert de l'étude pour défigurer la vérité. Combien de fautes commises chaque jour, à chaque instant par les esprits superficiels, efféminés, empiriques, superstitieux ! Les uns dédaigneront une grande vérité si elle est exprimée gauchement, les autres appuyeront une erreur grossière de l'autorité de l'écriture ; d'autres voudront tout soumettre à des expériences, mais par la précipitation du jugement, par le manque de synthèse, par l'envie du gain, ils s'égareront tout en faisant des expériences qui pourraient conduire à de grandes découvertes. Mais c'est surtout dans la société que l'imagination est contagieuse, qu'elle fascine les esprits, qu'elle force les hommes à parler, à marcher, à s'habiller comme les personnes de qualité; de là, les modes, l'instabilité des langues, la variabilité et même la corruption des mœurs, et cette tendance irrésistible des enfants à imiter leurs parents, des domestiques à imiter leurs maîtres, des écoliers à imiter leur précepteur, des courtisans à imiter le roi. Mallebranche place parmi les erreurs d'imagination, la reproduction des grimaces et des mouvements nerveux que l'on voit dans les autres, le changement de religion fait pour suivre la cour, l'influence qu'exercent sur leurs lecteurs les écrivains comme Sénèque, Tertullien, Montaigne; enfin la croyance à la sorcellerie, aux loups-garoux et aux revenants. L'union de l'esprit avec le corps est la cause de notre imagination et des erreurs qui nous égarent à chaque instant; elle nous fait hériter des défauts de nos pères, puis des erreurs de nos parents; et nous ne vivons que d'opinions, nous n'aimons, nous n'estimons que ce que l'on aime et l'on estime dans le monde.

3° Toutes les fois que l'esprit s'efforce de comprendre l'infini, il s'égare, car il est borné; de là les erreurs de ceux qui veulent nier ou affirmer la divisibilité de la matière à l'infini, ou concilier la prescience divine et la liberté humaine. L'esprit s'épuise à chaque instant par ses efforts, tantôt pour reculer ces bornes qui l'empêchent d'étendre ses connaissances, tantôt pour fixer son attention sur les objets qui ne tombent pas sous les sens. Très souvent il prête la réalité à une foule d'objections et de chimères; dans ce cas, il est poussé par cette idée vague et permanente de l'être qui veut se répandre dans toutes les idées et qui crée les entelechies, les forces occultes et toutes les fausses entités de la scolastique. Souvent, par une erreur opposée, il est porté à croire que les choses dont il n'a point d'idée n'existent pas ; alors il juge ce qu'il ignore d'après ce qu'il connait, et il soumet tout l'univers aux notions qu'il possède. Ici reviennent sous une autre forme toutes les erreurs de l'imagination et des analogies.

4° Les inclinations se rapportent à l'amour pour le bien en général, à l'amour de nous-mêmes et à l'amour du prochain. La première inclination est le principe de l'inquiétude de notre volonté et de cette curiosité qui nous fait courir d'objet en objet et qui borne notre attention, à ce qui nous touche matériellement. Tout nous fatigue, tout nous dégoûte; tandis que nous cherchons des connaissances inutiles, nous oublions les plus essentielles. Faut-il s'étonner si après 6,000 ans la morale est la science la plus imparfaite? Il y a 1500 ans le monde était encore idolâtre. — L'amour-propre nous trompe par le désir des grandeurs, par cette fausse piété qui cherche à s'élever en opposant la foi à la raison, par cette vanité qui attache les savants à l'étude des langues, des chroniques, de la philologie, à une foule de choses inutiles. Il est clair au reste que l'amour des plaisirs et l'empressement de faire fortune nous empêchent de nous livrer à la recherche de la vérité, tandis que le détachement des biens de ce monde nous jette dans d'autres erreurs, si l'égoïsme rêve des dédommagements dans la vie à venir en faisant correspondre chaque action de la vie présente à une idée chimérique sur la vie future. — L'amour de nos semblables, à la vérité, est une source d'erreur moins dangereuse; car à défaut de bienveillance et de vertu la société est organisée de manière qu'une foule de vices est obligée de simuler les sentiments les plus nobles. N'est-ce pas la vanité qui crée la valeur et ce faux amour de nos semblables que l'on exprime par la politesse ? Mais ces simulations, à leur tour, sont des sources d'erreurs; puis l'amitié donne une fausse idée des personnes que l'on aime, les louanges que nous leur prodiguons les trompent sur leur mérite.

5• La dernière occasion d'erreur pour Mallebranche est la passion ; mais évidemment les passions rentrent dans les inclinations , celles-ci dans l'imagination, et Mallebranche reproduit ici ce qu'il a dit ailleurs. En général les passions défigurent les objets par les antipathies, les aversions, les admirations que nous avons pour certaines personnes; la passion bizarre des philologues pour les langues , les conduit à faire de faux raisonnements pour exagérer leur importance, etc.

Ainsi les sens, l'imagination, l'entendement, les inclinations, les passions, tout nous trompe; l'organisation humaine tout entière est livrée à l'erreur; la nature est une création arbitraire de notre esprit; la croyance aux objets extérieurs n'est qu'un préjugé, et un préjugé inévitable imposé par Dieu. Sans la Bible, l'existence de la matière serait douteuse; par nous-mêmes nous ne savons pas davantage si Dieu est un esprit. Descartes n'avait cru qu'à la pensée, à la claire et distincte perception, aux sciences mathématiques ; Mallebranche condamne tout le monde matériel, toutes les traditions, toute l'histoire, il n'admet que des probabilités ; et ce qu'il y a de sûr, suivant lui, dans les choses probables, c'est qu'on peut toujours se tromper. Son dogmatisme est un pyrrhonisme presque aussi profond que celui de Sextus Empiricus ; il donne une théorie de l'erreur qui embrasse toutes celles des païens, des alexandrins et des chrétiens : nous l'acceptons comme la préface de notre discussion.

CHAPITRE IV.

De la volonté.

Les données de nos connaissances sont à la merci de nos sentiments; ce sont eux qui les choisissent; ce qui ne tombe pas dans la sphère de nos sentiments n'existe pas pour nous. Ainsi, l'homme est pour lui-même le point de ralliement de toutes les images qui flottent dans l'univers; Héraclite a dit que nous étudions le monde dans notre microcosme; Vico, que l'homme se fait la règle de la nature. En effet, la science nait, se développe avec nos passions et s'arrête précisément là où s'arrête la gravitation de nos sentiments. Les mathématiques elles-mêmes ne vont pas au-delà de cette borne. Voyez les civilisations des Arabes, des Indous, des Chinois; vous pourrez dire *à priori* quel sera le point où s'arrêteront leurs mathématiques. Mais si le sentiment est la condition de notre connaissance, il est essentiellement inintelligent. Entre les données du jugement et le jugement, entre l'attention et la vérité, il y a un abime; le sentiment présente les données, il ne les juge pas, donc il ne peut pas se tromper.

Pour accuser la volonté, les cartésiens ont renversé la psychologie: « L'entendement, ont-ils dit, perçoit; c'est la volonté qui affirme. » Mais ou l'on veut confondre, ou l'on veut distinguer les facultés: dans le premier cas, il n'y a plus de psychologie; ce n'est plus que l'homme en général qui se trompe. Si l'on distingue les facultés, alors il faut rapporter le jugement au jugement, la volonté à la volonté, l'affirmation à l'esprit, le désir au sentiment. La volonté ne peut pas nier le jugement, l'esprit ne peut pas nier la volonté; la raison est impersonnelle, la volonté est personnelle. Tous les hommes réunis ensemble ne pourraient donc pas porter atteinte à la moindre vérité mathématique.

Les cartésiens ont répliqué que dans les mathématiques, la volonté n'est pas libre. Ceci n'est qu'un sophisme; car la volonté est bien tentée de se révolter contre les mathématiques. Si elle ne peut prévaloir contre la force des nombres, c'est qu'elle se trouve incompétente dans le domaine de la raison. Mais elle reste toujours libre; elle peut mentir, elle ment, elle refuse son *consentement*; elle ne refuse pas son *assentiment*, parce qu'il n'est pas en son pouvoir. Quand l'esprit suspend son assentiment dans les connaissances probables, quand il arrive à dire que le monde physique pourrait bien être une illusion, ou le contraire de ce qu'il semble, ce n'est pas en vertu de la volonté, c'est encore en vertu de la raison qui s'élève constamment de probabilité en probabilité, et peut toujours s'opposer à elle-même dans toute la sphère du possible, jusqu'à ce qu'elle soit forcée de s'arrêter devant une contradiction.

Élever la connaissance humaine à une évidence si claire, si mathématique, si irrésistible, qu'il ne fût plus libre à la volonté de refuser son consentement; voilà le but des cartésiens. C'est pourquoi Vico les considérait comme les stoïciens du monde moderne. Mais au lieu de conduire à la certitude, ils conduisaient au scepticisme; car cette claire et distincte perception qui exclut toute hésitation, cette fatalité de l'évidence irrésistible qui supprime la libre volonté, ne se trouve nulle part hors des mathématiques. La morale, les sciences naturelles, la politique, se dérobent au *fatum* géométrique des cartésiens; toute la vie est phénoménale, traditionnelle, par conséquent étrangère au critérium de Descartes. Toutes les fois qu'il faut agir, nous sommes en présence d'un monde qui n'est pas celui des mathématiques. Ainsi le stoïcisme cartésien serait forcé à l'inaction, à une éternelle suspension d'assentiment. Qu'aurait fait le genre humain, pendant 6000 ans, s'il avait suivi la méthode cartésienne ?

La théorie de Descartes a été reproduite récemment en Italie par M. Rosmini, suivant lequel *toute vérité est fatale, toute erreur volontaire*. On arrive à la certitude en dégageant la connaissance de tout ce qui est arbitraire. M. Rosmini a très bien compris que les connaissances pratiques se refusaient à cette réduction qui finit par faire reposer sur l'être toutes les idées ; il s'est empressé de déclarer que la nécessité d'agir absout le plus grand nombre des erreurs. Nous signalons cette absolution, donnée par l'esprit le plus logique de l'Italie, comme un aveu de la théorie cartésienne, un aveu qui soustrait toute l'humanité aux lois de l'histoire, pour la livrer à des hasards inexplicables. M. Rosmini dit que la nécessité d'agir force notre consentement, qu'on ne prendrait aucune nourriture si on voulait s'assurer que les mets ne sont pas empoisonnés; en même temps il accuse les païens d'avoir créé l'idolâtrie; les matérialistes, de ne pas reconnaître l'Eglise. Est-ce que la philosophie est si divisée de l'humanité qu'il soit permis d'absoudre l'assentiment donné à des probabilités vulgaires et de condamner cette nécessité irrésistible qui a créé les religions et les systèmes philosophiques? Les peuples avaient leur mission, ils n'y auraient pas manqué impunément; les religions, les philosophies étaient leur nourriture intellectuelle; donc ils devaient les accepter. On aurait tort de dire que leur choix était arbitraire, quoique irresponsable; car la fatalité du jugement n'est pas seulement dans l'évidence mathématique; elle se trouve tout entière dans la moindre probabilité. Le probable n'est pas dans la volonté, mais dans la pensée, et cela fait que l'histoire est aussi fatale que la géométrie, quoiqu'elle se déroule à travers une longue suite de vraisemblances. Mais M. Rosmini condamne toute l'histoire, toutes les religions, et presque toutes les philosophies, tandis qu'il veut bien pardonner les croyances de la vie habituelle. Jamais distinction entre volonté et volonté n'a été plus capricieuse; c'est que le philosophe italien a confondu le jugement et le sentiment pour confondre ensuite le péché et l'erreur; il s'est fait cartésien pour être catholique impitoyable. Qu'on ne dise pas que l'*erreur étant volontaire n'absorbe pas la conviction, qu'elle conserve toujours quelque chose de factice*; ou l'on parle de la volonté ou de l'entendement : pour la première, la vérité est aussi puissante que l'erreur, témoin les martyrs de toutes les religions. S'il s'agit de l'entendement, le vrai dans un temps donné peut être invraisemblable, et toute connaissance est factice tant qu'elle n'exclut pas la possibilité du contraire.

Les lois civiles et religieuses imputent aux passions toutes les erreurs; mais c'est parce qu'elles veulent agir sur les passions, et parce qu'elles considèrent les actions réprouvées, non pas comme des erreurs, mais comme des mensonges. Les platoniciens, y compris les panthéistes d'Alexandrie et de la renaissance, imputent aussi l'erreur aux passions; mais c'est encore comme mensonges ; car la théorie des idées qui réunit le bon et le vrai dans ces systèmes est une espèce de législation intérieure ; y manquer, c'est mentir, c'est connaître la vérité et la violer. Ainsi, dit-on, les passions voilent les idées, l'homme tombe dans l'ignorance ; de là le péché (*peccat ignorantiâ*). Mais d'abord l'erreur provenant de l'ignorance serait une véritable création du néant; on ne juge pas ce que l'on ignore. Si on réplique que l'erreur renferme une partie de la vérité, qu'est-ce alors que cette partie qui n'est pas la vérité ? L'erreur est ou n'est pas ; le dilemme est ancien, mais juste ; la nier, c'est absurde : si on accorde qu'elle est, elle ne vient pas du néant ; il faut la rapporter à l'entendement, aux idées. On pourrait dire qu'elle existe sans être, c'est ce qu'on dit des phénomènes ; mais elle sera dans l'être ou hors de l'être : dans le premier cas, c'est Dieu qui trompe ; le second cas est inadmissible; car les phénomènes ne s'affirment pas d'eux-mêmes ; par conséquent le phénomène de la volonté ne peut pas être faillible. — Platon a confondu le mal avec l'erreur, parce qu'il avait confondu la nature avec Dieu ; mais le mal et l'erreur, tout en s'approchant continuellement, sont irréductibles. N'y a-t-il pas des milliers de cas où la vérité peut jeter dans un profond désespoir ? Donc il faut distinguer Dieu de la nature; il faut se poser à un point de vue qui fasse disparaître les contradictions qui naissent par la confusion de ces deux termes.

Concluons : la raison peut dompter les passions, jamais les anéantir ; *vice versâ*, la volonté peut mentir, mais jamais elle ne supprimera la moindre vérité.

CHAPITRE V.

La Sensation.

La sensation a été justifiée par Épicure et par Mallebranche lui-même; elle est ce qu'elle doit être : les rêves, les visions des fous, les douleurs des amputés, les mirages sont des sensations vraies : l'erreur consiste dans le jugement qui les rapporte à des objets. On conçoit que l'école expérimentale ait accepté cette justification; elle faisait la base de son système. La sensation est la vérité pour l'école de Bacon : il s'agit à présent de voir l'origine de l'erreur au point de vue de cette philosophie. Nous avons rapporté le dénombrement des erreurs d'après Bacon ; c'est une classification empirique, c'est une batterie dressée contre les préjugés de son temps, contre la scolastique, la théologie; nous ne pouvons pas en tenir compte. Locke s'est emparé des règles de la méthode de Descartes pour les appliquer à la sensation, pour exclure ce qui n'était pas la vérité de la sensation. Cette fois l'analyse expérimentale était dirigée par une psychologie, et Locke donna, comme Mallebranche, une théorie de l'erreur.

Quel est le *critérium* de Descartes ? la claire et distincte perception. Quelles sont les règles qui en découlent ? l'exclusion des idées obscures, confuses, chimériques, et imparfaites. C'est en partant de cette exclusion donnée par la méthode cartésienne que Locke arrive à sa classification des idées fausses, c'est-à-dire des idées qui ne correspondent pas à la sensation. Suivant Locke, il y en a de quatre espèces : 1° les premières sont les idées obscures ; l'imperfection des organes, la faiblesse de la mémoire, la nature de certains objets passagers nous empêchent très souvent d'avoir des idées claires. 2° Viennent ensuite les idées confuses produites par le mélange de plusieurs idées simples, ou par l'incertitude ou l'indétermination de celles-ci : les notions que nous avons de l'éternité, de la divisibilité de la matière à l'infini, de l'étendue infinie de l'espace, sont des idées vagues et obscures ; car nous ne concevons que le fini. 3° Il y a ensuite les idées chimériques. Les idées simples sont vraies, mais leur composition peut être arbitraire, elle peut se faire ou par la juxta-position de plusieurs notions, ou par les idées de relation, ou par celles de substance que nous appliquons : si ces compositions ne correspondent pas à la réalité, elles engendrent des idées chimériques. 4° Il y a enfin des idées incomplètes : les idées simples sont complètes, les idées de modes, c'est-à-dire les notions abstraites de courage, de valeur, le sont aussi, car elles n'ont pas besoin de trouver un archétype dans la nature ; mais dès qu'on les applique, elles peuvent être incomplètes. Le moyen de s'assurer si deux hommes introduisent les mêmes éléments dans la notion de valeur, quand ils jugent une action quelconque ? — Il y a une idée, celle de substance, que Locke signale comme éternellement incomplète ; en effet, elle n'est pas dans la sensation ; il ne peut pas l'atteindre ; s'il l'admettait, son édifice s'écroulerait, la vérité ne serait plus dans la sensation.

L'archétype de la vérité pour Locke était dans

la nature et non pas dans l'esprit ; il renversait au profit de la sensation la théorie des idées platoniciennes : par là il était conduit à changer toute la logique. Il attaquait les généralités, car elles s'éloignent de la sensation ; le syllogisme, car il s'appuie sur une proposition générale ; les axiomes, car ils peuvent contrôler, non pas engendrer la vérité... En détruisant la logique rationnelle, Locke était conduit à tracer une seconde théorie de l'erreur. En réalité, une idée fausse est comme une fausse sensation ; elle n'est pas une erreur, elle ne le devient qu'avec adhésion de l'entendement. Quelles sont donc les véritables causes d'erreur ?

Suivant Locke, elles sont : — 1° Le manque de preuves ; 2° le peu d'habileté à les faire valoir ; 3° le manque de volonté d'en faire usage ; 4° les fausses règles de probabilité. — Celles-ci se réduisent, a) aux propositions douteuses prises pour principes, b) aux hypothèses reçues, c) aux passions dominantes, d) à l'autorité des penseurs, des amis, de l'antiquité, etc.

Il est clair que toutes ces sources d'erreur ne sont que des indications empiriques : si on excepte celle de la volonté et des passions qui rentrent dans la volonté, elles ne se rapportent pas à des facultés, et roulent plutôt sur des erreurs établies que sur l'erreur. Le manque de preuves se réduit à l'ignorance ; le manque d'habileté est l'ignorance sous une autre forme, et l'erreur provenant de l'ignorance n'aurait pas de cause.

Ailleurs Locke indique l'association des idées et les abus du langage comme des causes d'erreur. La première, dit-il, lie les idées d'une manière arbitraire et souvent indissoluble ; elle se fortifie par les passions, par les sentiments, elle peut conduire à la folie. Tous les hommes sont à la merci de ces associations, de ces analogies arbitraires ; aucun ne peut se croire complétement libre et sain. Quant au langage, en généralisant, il s'éloigne de la sensation, il confond les idées, il ouvre la voie à toute sorte d'équivoques, à des erreurs de toute espèce.

Quel est le caractère de la théorie de Locke ? Celui même de son système : il cherchait comme Descartes un point d'appui ; il le trouvait dans la sensation : c'est à la sensation qu'il devait réduire la pensée. Mais comme il laissait subsister la réflexion, il se bornait à accuser vaguement les idées fausses, les fausses probabilités, le langage, l'association ; il laissait à ses successeurs le soin d'une dernière réduction dans la théorie des idées et dans celle de l'erreur. En attendant, il mettait les idées de substance dans la catégorie des idées fausses, et si Mallebranche avait recours à la Bible pour croire aux corps, Locke croyait à l'esprit par respect pour la révélation. Remarquons, en passant, que l'école écossaise présente le même caractère : Reid se contente du dénombrement des erreurs donné par Bacon : M. Galluppi met au nombre des causes d'erreurs la supposition ou l'omission des données, etc. Nous regrettons que M. Jouffroy, qui a illustré cette école avec tant de pénétration, et qui l'a dépassée en la jugeant, n'ait pas fixé son attention sur ce sujet.

CHAPITRE VI.

Le langage, l'association et la mémoire.

Condillac a simplifié le système de Locke en supprimant la réflexion et la notion de substance : il réduisait tout à la sensation. Quelle devait donc être à ses yeux la cause de l'erreur ? évidemment ce qui n'est pas la sensation, c'est-à-dire la pensée, le jugement. La connaissance, suivant lui, se compose de trois éléments, l'objet, ses qualités, et l'affirmation qui rapporte ces qualités à l'objet. L'objet et ses qualités ne peuvent pas ne pas exister ; ce sont deux éléments que l'on trouve dans la sensation ; elle est infaillible ; donc il n'y a que le jugement qui puisse nous tromper, en rapportant l'apparence des qualités, par exemple les illusions d'optique aux objets. Mais qu'est-ce que le jugement pour Condillac? une sensation double réunie dans une conscience unique; la vérité est dans les sensations, donc l'erreur s'engendre dans leur fusion. Qu'est-ce qui opère cette fusion ? Le moi de Condillac ne peut pas affirmer; c'est un assemblage de sensations ; il ne dit pas, *je pense*, il est *sentir*, et Condillac, pour l'examiner, pour jouer le rôle de la réflexion, est obligé de s'adresser à une troisième personne hypothétique, contemplant une statue composée de sensations. Qu'est-ce donc qui affirme, qui juge, qui pense ? Personne ; ce sont des opérations qui s'engendrent dans l'air, dans les mots, dans le langage, et par contre-coup l'erreur s'engendre dans l'air, par les mots, les propositions, les abstractions, enfin par le langage. Voilà pourquoi Condillac regarde les langues comme la source unique de toutes les erreurs ; il imputait aux généralisations du langage toutes les opinions fausses. De cette manière se fondaient dans une seule cause d'erreur les six sophismes de paroles dénombrés par Aristote.

On sait quels sont les vices du système de Condillac, il est facile d'en montrer les conséquences dans sa théorie de l'erreur. La parole ne créant pas la pensée, ne crée pas l'erreur; elle se borne à l'exprimer. Le langage exerce une triple fonction, il fixe les idées aux mots, il affirme, il généralise. Dans les trois cas il peut exprimer des liaisons fausses, des jugements faux, des généralisations fausses, mais il ne fait que les traduire. Le langage ne sera donc jamais une cause d'erreur psycologique, il faudra imputer la faillibilité au jugement, à la généralisation des idées, à l'idée de substance, etc.

Voici maintenant la théorie de D. Hume. La sensation est la source de nos connaissances; mais ce qui lie une connaissance à l'autre, c'est l'induction, l'association, l'analogie; c'est par analogie que nous pensons que le soleil se lèvera demain comme aujourd'hui. Or l'analogie, suivant Locke, est une liaison arbitraire; elle conduit à l'erreur, à la folie. Donc, concluait D. Hume, toutes nos connaissances ne sont que des assemblages d'analogies, que des habitudes accidentelles de notre esprit. Avec ce raisonnement D. Hume arrivait à nier la causalité, qui unit le non-moi aux objets extérieurs, et les objets extérieurs à Dieu. Ainsi Locke avait mis le langage et l'association des idées au nombre des causes d'erreur. Condillac, développant la première de ces causes, supprimait la pensée ; D. Hume s'emparait de la seconde pour détruire la causalité. Ici nous ferons trois remarques : 1° l'association est une faculté mécanique ; elle reproduit matériellement des idées, des sentiments, des réminiscences, mais elle n'implique pas l'adhésion à ces reproductions. Le jugement peut les affirmer soit à tort, soit à raison ; de là l'erreur ou la vérité : mais l'association n'est pas plus responsable de l'erreur que la sensation. — 2° On doit dire la même chose des croyances ; elles suivent les analogies, mais elles ont leur racine dans l'entendement, qui donne la réalité à ces liaisons immenses qui embrassent l'univers. C'est l'entendement qui y place l'être et les êtres, la cause et les causes de tout. Ces liaisons sont fragiles, mobiles, factices, si vous voulez, mais cette causalité rationnelle qui les accompagne est inévitable, inébranlable, éternelle, on peut la détruire aisément dans ses applications, elle revient toujours dans son universalité. —3. Dieu, suivant D. Hume, est la plus grande de toutes les erreurs de causalité : c'est ce qu'il a tâché de montrer dans son *Histoire naturelle de la religion*. On a cherché les causes des phénomènes de la nature, dit-il, et les sauvages ont imaginé par analogie qu'elles sont produites par des hommes doués d'une force extraordinaire. L'expérience ne pouvait jamais atteindre ces dieux fantastiques, on a conclu dans la suite qu'ils habitent dans le ciel, et qu'ils sont invisibles. Enfin ne les trouvant nulle part, en désespoir de cause, on a créé le dieu métaphysique en le séparant du monde physique ;

or, ce dieu est contraire à l'expérience, à l'induction, aux analogies elles-mêmes qui l'ont créé comme cause de tout. Cette histoire naturelle de la religion résume tous les vices du système de D. Hume. Si l'analogie avait créé les dieux, ils auraient été détruits par d'autres analogies dérivant du progrès de l'expérience; mais au contraire à chaque pas de la civilisation, les dieux grandissent; quand elle tue les dieux, elle crée Dieu, et cette préoccupation invincible de la raison humaine se développant par la métaphysique arrive jusqu'à nier le monde de la nature. Donc Dieu et le principe de causalité peuvent suivre les analogies et peuvent les briser. C'est qu'ils sortent de la raison humaine; en se liant aux analogies, ils créent l'expérience; en rentrant en eux-mêmes, ils l'anéantissent. Il est aisé de voir que les deux bouts de l'histoire naturelle de la religion de D. Hume ne se réunissent pas, la transition manque pour passer des dieux des sauvages au dieu de la philosophie. Il a beau dire qu'une conquête aura soumis les dieux des nations conquises, au dieu de la nation conquérante, il fallait expliquer comment celle-ci se fait un seul dieu, tandis que les phénomènes de la nature sont innombrables, et comment on passe des dieux matériels à un dieu éternel.

Destutt de Tracy a attribué toutes les erreurs à la mémoire : la sensation et la volonté, suivant lui, ne pouvaient pas tromper, le jugement non plus; il en concluait par exclusion que les erreurs dérivent de la mémoire. — Mais si par mémoire il entendait l'association des idées, alors toutes les erreurs revenaient au jugement, car l'association ne s'affirme pas d'elle-même. Si par mémoire il voulait indiquer la mémoire proprement dite, dans ce cas il confondait la double faculté qui la compose, savoir : l'association qui reproduit les idées, et le jugement qui les reconnaît. Ajoutez que la plus grande partie des erreurs présuppose l'ignorance; dans l'histoire, elles précèdent la vérité; Destutt de Tracy lui-même remarque quelque part qu'on n'arrive à la vérité qu'après avoir passé par toutes les aberrations possibles. Mais au contraire sa théorie de l'erreur supposait la vérité au commencement, aux origines, et d'après son système les sciences devaient se fourvoyer en s'éloignant de leur point de départ. C'était là contredire ses propres assertions et l'histoire ; mais cette seconde contradiction ne lui appartenait pas exclusivement, elle se trouve dans presque tout le XVIII. siècle, qui place la vérité dans la sensation, l'erreur dans le travail de l'intelligence, le bonheur dans l'état de nature, le malheur dans la civilisation, l'égalité au commencement, la tyrannie à la fin des histoires.

CHAPITRE VII.

Le jugement.

Sans affirmation il n'y a ni connaissance, ni erreur ; toutes les erreurs passent par le jugement, qui est l'éditeur responsable de toutes les illusions de l'homme. Veut-on éviter l'erreur? On n'a qu'à suspendre l'assentiment, qui n'affirme pas ne se trompe pas. Mais si d'un côté toutes les déceptions peuvent s'imputer au jugement, de l'autre il est à la merci de ses données, son adhésion n'est pas libre, il est trompé à son tour par les phénomènes de la vision, de la sensation, de l'association. Quand le premier homme a regardé le soleil, il a dû forcément croire qu'il tourne autour de la terre. Si les données changent, les systèmes changent, voilà toute l'histoire de la sagesse humaine. Il y a plus : l'erreur peut être plus logique que la vérité. Pose-t-on un principe faux? il est juste d'en déduire une fausse conséquence ; si on l'évite, ce n'est que par une nouvelle faute de raisonnement. Somme toute, la fonction du jugement étant invariable, ne peut pas être faillible, elle se borne à affirmer qu'une qualité est dans un sujet, que l'identique est identique ; comment pourrait-elle se tromper? Voyez les mathématiques ; là, l'entendement est presque seul, et l'homme est infaillible comme Dieu.

Nous arrivons donc à une contradiction : nous

posons l'infaillibilité du jugement, et nous le faisons responsable de toutes les erreurs ; nous disons que les facultés de l'homme sont infaillibles, et l'homme est l'être faillible par excellence. Il est temps d'expliquer cette contradiction et de résoudre notre problème.

Nous avons vu que l'école d'Élée mettait en opposition la raison et l'expérience : les atomistes et les épicuriens attaquaient la première pour justifier la seconde, les sceptiques détruisaient la connaissance en mettant en présence les résultats opposés du sens et ceux de la raison. Les platoniciens et les néoplatoniciens évitaient cette contradiction en dédoublant l'univers. Le christianisme a établi une religion sur la base de cette conciliation de tous les débats de la philosophie. Mais quand il est tombé, le combat s'est reproduit dans les écoles modernes; Descartes a douté de la matière, Locke de l'esprit. Jusque là, la lutte était dans les systèmes; Kant, par une sublime simplification, l'a transportée dans les facultés même de l'entendement. Ses catégories où se trouvent tous les éléments *a priori* de la connaissance renferment en puissance toutes les oppositions entre la raison et l'expérience, et toutes les contradictions des écoles philosophiques. La raison, dit Kant, se trouve entre deux impossibilités toutes les fois qu'elle veut affirmer quelque chose d'absolu dans la nature. Vis-à-vis du temps, elle ne peut affirmer ni son éternité ni son commencement, car l'éternité finirait avec le présent, et de l'autre côté, le commencement est inconcevable, parce qu'il y a une force dans la raison qui l'oblige à le reculer à l'infini. La même alternative se reproduit quand on se demande si l'espace est fini ou infini. L'espace infini est limité par l'espace que j'occupe; l'espace fini ne satisfait pas la raison, qui veut se reposer dans l'infini. L'espace est-il divisible à l'infini? La raison ne peut jamais arrêter la division; et cependant si elle la prolonge à l'infini, on a une quantité infinie de parties dans un espace déterminé. Enfin la liberté et la fatalité répugnent également; l'une suspend la causalité, détruit la nécessité, l'autre détruit le *possible*.

Quel sera le moyen d'échapper à cette contradiction? Ce ne sera pas le panthéisme : en acceptant la réalité des deux termes, du fini et de l'infini, il doit accepter la contradiction qui en résulte; il est détruit *ab absurdo*. Il nous reste l'idéalisme qui, en renfermant la raison en elle-même, anéantit le jeu de ses antithèses dans l'ontologie. En effet, si on applique les affirmations absolues, éternelles, de la raison aux phénomènes passagers de la sensation et de l'expérience, on leur donne une entité absolue; mais bientôt les forces de l'entendement les brisent, pour ainsi dire, par une contradiction inévitable. Si au contraire on laisse les notions expérimentales dans leur état de phénomènes, la raison reste seule, Dieu et la nature ne sont plus que possibles; mais toutes les aberrations de la philosophie se livrant à une perpétuelle contradiction par la force de deux termes incompétents dans l'expérience, cessent, et le grand œuvre de Kant porte pour épigraphe : *infiniti erroris terminus et finis*.

Les antinomies de la raison dévoilées par Kant nous laissent déjà entrevoir la solution du problème que nous avons proposé; mais la réduction postérieure de ses catégories aux trois termes de l'unité du multiple et du rapport, nous la rend encore plus facile.

La sensation, avons-nous dit, est intelligente, par conséquent infaillible ; la mémoire, l'association des idées, la volonté ne peuvent s'égarer que par la force du jugement, le jugement (l'unité) à son tour est impeccable ; chaque faculté dans son attribution échappe à l'erreur ; mais la connaissance est une combinaison, une synthèse, et à l'instant où elle s'opère, le jugement absolu se trouve en communication avec les phénomènes, et l'illusion devient inévitable. En effet, les affirmatives éternelles de la raison étant sans cesse appliquées à des apparitions éphémères, ne peuvent être que transitoires et par conséquent fausses. M. Cousin dit que Dieu est tout entier dans l'affirmation ; le jugement est absolu, même dans l'affirmation du doute et de la probabilité ; cependant la moindre donnée le captive, il faut donc que toutes ces connaissances, ces religions, ces systèmes, se posant toujours pour l'éternité, aient un lendemain qui leur donne un démenti. La connaissance sort du mariage illégitime du fini et de l'infini ; comment pourrait-elle être éternelle ? — Pour parler le langage d'une autre école ; lorsque les données changent, les jugements changent : pour arriver à l'immobilité du jugement il faudrait que les données fussent complètes. Quand est-ce qu'elles le seront ? quand est-ce qu'on pourra affirmer que le terme des découvertes possibles est atteint ? Jamais. Chaque jour, chaque observation apporte de nouveaux éléments qui peuvent varier d'un instant à l'autre ; donc le jugement est continuellement exposé à la variété et à l'erreur. Cela nous explique le progrès : il n'est pas l'étude d'un homme immortel qui apprend toujours, comme disait Pascal ; c'est une augmentation incessante de notions produisant une révolution continuelle de jugements. Or, ce sont les sens, la mémoire, l'association des idées, l'imagination qui nous révèlent le monde, qui apportent les matériaux de nos connaissances, qui les changent et les multiplient à chaque instant, et par conséquent dès que le jugement entre en communication avec les autres facultés, il doit varier et passer d'erreur en erreur, pour arriver à ce qu'il croit la vérité. La force du jugement consiste à ne pas pouvoir reculer, c'est là la seule garantie qu'il nous donne ; sa nature lui défend de revenir aux affirmatives précédentes quand les données ont augmenté, c'est là sa fatalité, c'est là ce qui nous fait monter de certitude en certitude. Mais ce progrès n'est que la démonstration de la faiblesse humaine, ce dogmatisme toujours changeant et toujours impératif n'est qu'une preuve incessante de la faillibilité de l'expérience. Le progrès de l'esprit humain pourrait se définir comme la marche : une chute toujours imminente et toujours réparée ; on s'avance parce qu'on peut tomber. La définition de Pascal ne convient nullement ; car si l'humanité était un homme immortel qui apprend toujours, elle serait infaillible, et toutes ses connaissances s'élèveraient à l'instant même de leur origine à cette fatalité géométrique des Cartésiens, qui impose la vérité en détruisant les hésitations de la volonté, et la possibilité d'une connaissance contraire.

Si on voulait la contr'épreuve de cette théorie de l'erreur, on n'aurait qu'à séparer les deux termes qui l'engendrent, l'erreur disparaîtrait ; Dieu qui est la raison pure ne peut pas se tromper ; il serait plus aisé de le nier que de lui imputer l'erreur. De l'autre côté, l'instinct des animaux est infaillible ; on ne dira jamais : *ce cheval est dans une profonde erreur*; c'est que l'instinct est inintelligent comme la sensation ; il sera trompé, il ne se trompe pas. Il n'est pas facile de comprendre cette distinction : dès que l'intelligence observe l'instinct, il disparaît, il se décompose dans la réflexion, et dès lors ses déceptions peuvent se comparer aux erreurs de l'entendement. Cependant, si on examine l'homme dans ces instants où l'instinct remplace complétement la réflexion, on le trouvera en même temps aveugle et infaillible, il pourra manquer son but sans se tromper. Il y a des actions qui peuvent être artificielles ou instinctives; l'erreur a lieu dans le premier cas et non pas dans le second : on se trompe à l'école de natation : le sauvage une fois jeté à l'eau, peut se noyer ou se sauver par cette natation naturelle qui est commune à tous les animaux ; mais l'intelligence est complétement irresponsable de son action. Au reste, si dans l'instinct de quelques animaux il y a une trace de jugement, c'est là que tombe la possibilité de l'erreur.

Il faut donc que les deux caractères de Dieu et de la brute se réunissent pour donner la faillibilité humaine. Les erreurs de l'homme découlent de cette combinaison : Mallebranche l'avait entrevu quand il distinguait les causes des occasions d'erreur ; mais il devait ajouter que les erreurs n'ont point de cause, et qu'elles ne sont occasionnées que par la combinaison de nos facultés.

Quelle sera maintenant la réunion de ces facultés qui peut nous égarer ? Celle qui constitue la pensée : la connaissance n'a point de cause isolée, elle n'est qu'une synthèse occasionnée par le concours de plusieurs facultés. Séparer la sensation, le sentiment et le jugement, suivant M. Cousin, c'est anéantir la connaisance ; M. Damiron a justement observé qu'il fallait chercher l'origine de l'erreur là où elle se trouve, c'est-à-dire dans la pensée. Eh bien, cette formule des trois termes qui expliquent la connaissance, cette formule déjà indiquée par Leibnitz, et qui résume tous les travaux de la philosophie moderne, se trouve pour ainsi dire au bout de notre analyse historique des théories de l'erreur, comme une solution inévitable du problème que nous nous sommes proposé.

Toutes les aberrations humaines, toutes leurs causes dénombrées par les philosophes depuis Pythagore jusqu'à Kant, viennent se résoudre dans cette formule. Les treize sophismes d'Aristote se réduisent aux équivoques de mots et à l'ignorance des données ; à de fausses généralisations et à de fausses affirmations, c'est dire que les sophismes prennent le relatif pour l'absolu et donnent une synthèse fausse en déduisant une affirmation éternelle, de ce qui est momentanément dans notre perception. — Les dix lieux communs des sceptiques ne font qu'indiquer la variété des idées qui changent avec les espèces animales, les individus, le nombre des sens, les passions, les habitudes, les circonstances, les mélanges, les compositions, le sujet, les mœurs : mais cette variété en elle-même n'est pas erronée, elle ne le devient que par l'intervention du jugement qui la généralise, qui veut la supprimer, qui prétend que la même idée est identique dans tous les sens, dans tous les animaux, dans toute la nature. Ici encore on se trompe en prenant le relatif pour l'absolu, le particulier pour l'universel. — Les lieux communs ajoutés par Agrippa et par un autre pyrrhonien concernant le critérium de la connaissance, reviennent aussi à la confusion du relatif avec l'absolu, de la variété avec l'unité. De là, l'impossibilité de concevoir un objet par lui-même ou par un autre objet; de là ce droit qui reste toujours au sceptique de demander la démonstration du critérium, et ainsi de suite jusqu'à l'infini. — Les causes d'erreur indiquées par Démocrite se réduisent de même à la variété du monde extérieur qui s'oppose à l'unité du jugement; en effet, tandis que l'on perçoit un objet, son image reste faussée 1. par le milieu qu'elle traverse; 2. par la variabilité de l'objet lui-même; 3° par celle du sujet. — L'école d'Élée avait bien compris la contradictions des deux termes du multiple et de l'unité, elle excluait l'un pour garder l'autre, elle sacrifiait la connaissance pour obtenir l'infaillibilité.

Venons aux modernes. Les idées incomplètes, obscures, confuses, chimériques; le manque de preuves, le manque d'habileté ou de volonté à les faire valoir, les fausses règles de probabilité, les équivoques du langage, et les écarts de l'association des idées; toutes ces causes d'erreurs dénombrées par Locke, ne sont évidemment que des données incomplètes, des circonstances qui bornent la connaissance à ce que nous avons vu, à ce qui nous intéresse vivement. Ces données, par elles-mêmes ne peuvent pas tromper, mais elles occasionnent l'erreur à l'instant où elles se mettent en rapport avec les affirmations complètes de l'entendement. La nature est pour nous ce que nous voyons, ce que nous apprend la société, ce que nous enseignent nos maîtres : donc il y a des erreurs héréditaires, sociales et individuelles ; Bacon et Mallebranche en ont donné un inventaire complet. Ici la réduction est encore plus aisée : commençons par le premier. 1° Les fantômes de races nous font voir le monde dans notre microcosme ; ce sont des analogies effrénées, qui subordonnent l'univers à nos idées ; ils méconnaissent les bornes du fini parce que notre raison conçoit l'infini. Donc ce ne sont des erreurs que parce qu'ils identifient la nature avec la raison, en soumettant la variété extérieure à l'unité subjective. 2° Les fantômes de l'antre, c'est-à-dire le génie individuel de chaque homme, l'éducation, la société, les professions ; 3° les fantômes de convention, c'est-à-dire les erreurs du langage ; 4° enfin les fantômes de théâtre, savoir, les philosophies sophistiques, empiriques et superstitieuses, ne sont que des variétés des fantômes de race, et par conséquent se résolvent tous dans cette synthèse qui réunit une affirmative invariable avec les données variables et bornées de notre sensibilité et de nos analogies. Mallebranche rapporte les erreurs aux sens, à l'imagination, aux inclinations, aux passions et à l'entendement. Mais les aberrations des sens ne sont que dans l'entendement ; c'est lui qui donne la réalité à toutes les illusions d'optique et à toutes les sensations purement relatives du goût, de l'odeur, des couleurs, de la lumière et de la chaleur. Il s'ensuit qu'ici encore l'illusion naît de l'union de l'entendement avec la sensibilité. La même chose doit se dire de l'imagination qui captive le jugement avec la double donnée du sentiment et des analogies, et qui lui présente pour des vérités absolues, des éléments qui varient avec l'âge, le sexe, les habitudes, etc. C'est dans l'imagination que se trouve ce microcosme particulier, dont parle Bacon, et d'après lequel nous jugeons l'univers; et comme la société multiplie à l'infini ces microcosmes à l'aide des traditions, des autorités, des institutions, Mallebranche, en accusant l'imagination, était conduit à son insu à accuser la société tout entière. Par conséquent, il considérait comme autant d'occasions d'erreurs, l'autorité des anciens, celle des traditions, la philologie qui les conserve, les habitudes des théologiens, des commentateurs, les religions, les changements de religion, la mode, les imitations qui établissent l'uniformité des mœurs, l'influence qu'exercent les précepteurs sur les élèves, les maîtres sur les domestiques, les rois sur la noblesse, la noblesse sur le peuple, les grands hommes sur les masses. Quels sont, d'après Mallebranche, les sentiments et les passions qui égarent le plus? Toutes les passions éminemment sociales : d'abord, notre inclination pour le bien en général, qui nous empêche d'améliorer telle ou telle science sans améliorer l'ensemble des connaissances: c'est là ce qui a retenu le monde si longtemps dans l'idolâtrie. Ensuite l'amour des distinctions, qui force presque toutes nos inclinations, et même nos vices, à simuler des vertus utiles, de manière que très souvent le courage et la valeur ne sont que de la vanité. Après cela, Mallebranche parle des illusions provenant de la politesse, de l'amitié, de l'enthousiasme; il pouvait répéter à propos de la société ce qu'il disait des sens, savoir : qu'elle ne nous est pas donnée pour la recherche de la vérité, mais pour la conservation de l'espèce. Toutes ces erreurs de l'imagination, des inclinations, des passions rentrent dans la formule de la connaissance; car elles rentrent dans la classe des fantômes de race, et se réduisent à ce microcosme particulier qui devient erroné devant les affirmations absolues de l'entendement. Mais quand Mallebranche parle des erreurs de l'entendement, alors les deux termes opposés sont mis nettement en présence; il ne reste plus qu'à les réunir. La raison, dit-il, nous conduit à l'infini, nos sens sont bornés; de là nos erreurs sur la divisibilité de la matière, sur l'étendue de l'espace, etc.: donc elles sortent de la réunion du fini avec l'infini. L'être, poursuit-il, toujours présent à notre esprit, se répand, pour ansi dire, sur nos perceptions, sur nos idées, et il donne la réalité à une foule d'abstractions et de chimères. Ici l'erreur s'engendre de nouveau par le rapport entre l'être et les êtres, entre l'unité et le multiple. Enfin, continue Mallebranche, ce qui n'arrive pas devant l'être toujours présent à notre esprit, n'existe pas pour nous; nous croyons que ce que nous ignorons n'existe pas, et c'est précisément cette croyance qui nous permet de réduire tout l'univers à ce que nous savons, à notre microcosme, à nos sensations, à notre imagination. Voilà, à la fin, la dernière réduction de toutes les erreurs; donc elles sont toutes dans la conscience qui réunit la perception de l'être hors duquel il n'y a point de réalité, et la perception de la variété sans laquelle il n'y a ni connaissance, ni erreur. Si Mallebranche avait distribué son ouvrage d'après ce point de vue, il serait sorti de son système pour déterminer la véritable origine de l'erreur. — Condillac, D. Hume et Destutt de Tracy ont accusé plus exclusivement le jugement, l'association des idées et la mémoire ; mais la mémoire ne fausse les idées que parce qu'elle les juge en les reproduisant ; le jugement et l'association des idées isolément considérés sont infaillibles ; il faut donc que les facultés se réunissent pour s'égarer. — Veut-on que la causalité soit une erreur de l'association des idées ? ce ne sera que parce que le jugement qui l'affirme élève le relatif à l'absolu et transforme une succession momentanée dans une loi éternelle. — Veut-on dire que le jugement qui affirme l'existence des objets extérieurs soit faux ? ce ne sera encore que parce qu'il confond le phénomène avec le ponomène, l'apparence avec la réalité. — Il y a enfin les antinomies de Kant; on pourrait les appeler le péché originel de l'intelligence ; elles se rangent d'elles-mêmes sous les trois termes de l'unité, du multiple et du rapport ; elles expliquent en même temps la connaissance et l'erreur.

Nous n'insisterons pas davantage sur cette réduction, nous craignons de nous y être déjà trop arrêté ; nous ferons seulement une dernière observation. La connaissance implique l'union de la variété avec l'unité; la variété implique la faillibilité, le progrès suppose à son tour la variété et l'erreur. Or, toutes les fois qu'un philosophe a accusé une faculté isolée, il a toujours condamné celle qui, d'après son système, donnait l'élément indispensable du progrès. L'école d'Élée condamnait l'expérience, Platon la volonté qui admet l'expérience ; Épicure et Condillac, qui plaçaient l'élément invariable dans la sensation, imputaient l'erreur au jugement, à l'opinion, au langage, à la pensée elle-même. Bacon et Mallebranche accusaient en général toute la nature humaine, toute l'histoire.... C'était là reconnaître d'une manière vague et indirecte que les occasions des erreurs sont celles de la vérité.

CHAPITRE VIII.

De la pensée.

Nous avons résolu notre problème ; notre discussion historique nous a fait trouver les trois termes dont se compose la pensée : mais la nature de l'erreur nous obligeait à assimiler le sentiment à la sensation pour examiner les deux termes opposés de la formule.

Reste maintenant à l'établir d'une manière directe en ajoutant quelques remarques sur le rôle du sentiment.

Bacon et Descartes ont cherché la connaissance dans les deux termes opposés, l'un de la sensation, l'autre du jugement. Locke, disciple de Bacon, niait l'esprit ; Condillac, disciple de Locke, faisait sortir le jugement de la sensation. L'impuissance de cette école a été démontrée ; un seul terme ne suffisait pas à expliquer la pensée. De même Descartes voulait réduire la sensation au jugement, et Mallebranche se trouvait dans l'impossibilité de réduire la nature extérieure à cette fatalité géométrique de l'évidence cartésienne qui excluait la liberté du doute. L'histoire de la philosophie contient la réfutation de cette école. Plus tard, Kant a fait la part de la raison et celle du sens, il a rétabli les deux termes ; avant lui, Leibnitz avait tenté de les réunir par le rapport de l'harmonie préétablie.

A présent, la nécessité des deux termes opposés à constituer la pensée est une vérité acquise à la science, et M. Rosmini l'a nettement formulée en démontrant que, sans idée, il n'est pas possible de faire un jugement, et que, sans jugement, il est impossible de se former une idée. Il faut donc qu'une idée innée, une forme de la raison coïncide avec une perception, pour que le phénomène de la pensée puisse se vérifier.

Mais quel est le rapport entre le jugement et la perception, entre l'unité et le multiple? Il se trouve dans le sentiment.

Au premier abord le sentiment semble dans les mêmes conditions que la perception, il est inintelligent comme une sensation, il est multiple comme les objets extérieurs. L'école qui a tracé les lois du sentiment se rattache à la philosophie expérimentale de Bacon, elle est une fraction de l'école de Locke.

On demandera donc si le jugement peut se trouver en relation avec la sensation sans l'intervention du sentiment, et s'il peut, d'un autre côté, communiquer directement avec le sentiment sans l'intermédiaire de la sensation. Dans ce cas, deux termes suffiraient pour constituer la pensée, et il y aurait deux espèces de connaissances, l'une sentimentale intérieure, l'autre sensible extérieure.

Nous diviserons notre réponse en deux parties, l'une concernant le sentiment, l'autre la sensation.

1. Il est impossible de concevoir le sentiment indépendant de la sensation; un désir sans images serait une volonté sans objet, un amour ou une haine sans raison, il donnerait des arts sans manifestations extérieures, des enthousiasmes sans but et sans matière. Si l'on supprime tous les sens, sera-t-il possible de concevoir une passion? Non, car ces agitations animales qui resteraient, seraient des mouvements intérieurs sans nom, étrangers à la

connaissance, incompréhensibles comme des sensations pures, comme des douleurs, des plaisirs, des inquiétudes purement instinctives. Quand le sentiment nous transporte au-de là du monde extérieur, quand nous rentrons dans le monde de la conscience, nos sentiments ne font que disposer, d'après leurs lois, les réminiscences du monde extérieur. Ils défigurent les objets, ils les décomposent ou les recomposent, ils font leurs synthèses et leurs analyses, mais ces opérations ne s'exercent que sur les sensations; si on ôtait les sensations, les mouvements intérieurs du sentiment manqueraient d'objet. Sans doute, si l'on ferme les yeux, si l'on s'affranchit momentanément du joug de la sensibilité, le monde intérieur sera plus vif, plus saisissant; il faut rêver pour laisser libre essor au sentiment; mais encore, dans ce cas, si l'élément intérieur se développe avec plus de force, ce n'est pas qu'il soit indépendant, c'est qu'il est plus puissant; c'est que, n'étant pas contrôlé par la réalité extérieure, il lui est plus facile de la défigurer. Donc, quand même le jugement serait en communication directe avec la sensation, il ne le serait jamais avec un simple sentiment.

2. Voyons si l'on peut exclure l'intervention du sentiment. D'abord, sans besoins, on n'aurait ni sciences, ni arts, ni industrie, ni connaissances; toute l'histoire sort du sentiment; la volonté est aux idées ce que le mouvement est à la matière. Mais descendons à l'analyse d'un fait plus simple, examinons l'idée produite par la vision d'un arbre. Est-il possible de concevoir une sensation divisée du sentiment fondamental de notre existence? Non; toute sensation est double, toute sensation nous révèle un objet extérieur et notre propre existence.

On ne regarde pas sans sentir ses yeux ; donc toute sensation implique un sentiment, qui peut être faible, qui peut échapper à la réflexion, mais qui ne cesse pas pour cela d'être un des éléments de notre connaissance.

Il faut conclure que le sentiment et la sensation sont inséparables ; mais quand est-ce que la pensée se forme ? A l'instant où ils entrent en communication avec le jugement ; par conséquent, la pensée est triple, elle est composée de jugement, de sentiment et de sensation ; le monde extérieur, le monde intérieur, et un troisième monde qu'on pourrait appeler rationnel, forment une triade indivisible qui se trouve dans tous les actes de l'entendement humain.

Supposons que cette union cesse pour un instant, que le monde extérieur puisse se séparer du monde intérieur, nos sentiments ne pourraient jamais être transmis ; le langage de la poésie, le théâtre, la peinture, toutes les représentations sensibles ne pourraient révéler aucune passion. Disons plus, elles seraient impuissantes à exprimer les émotions des artistes eux-mêmes ; car le lien entre les deux mondes serait brisé, et la sensation ne tiendrait plus à aucun sentiment.

On pourrait opposer à l'indivisibilité des trois termes de la connaissance, qu'il y a des sciences purement physiques, et des arts qui ne tiennent qu'au sentiment. C'est là ce qui a conduit à créer la distinction que nous combattons. Mais le sentiment entre aussi bien dans les mathématiques que dans la poésie, ne fût-ce que par la curiosité que fixe l'attention sur les nombres, et ne fût-ce que dans les sensations dont les mathématiques tirent leurs abstractions, car toute sensation implique un sentiment. De même, l'élément rationnel entre dans la poésie aussi bien que dans les mathématiques, ne fût-ce que dans le rhythme et dans cette multiplicité qui se trouve dans toutes les conceptions artistiques.

Le rôle du sentiment est de réunir la sensation au jugement, et d'ébaucher les premières synthèses qui préparent les synthèses ultérieures de la raison. C'est là ce que voulait dire Maine de Biran quand il cherchait dans l'imagination le trait d'union qui lie le monde extérieur à l'intérieur. Les synthèses du sentiment sont aveugles, mais elles rassemblent autour de certains points toutes les perceptions, et quand le jugement fait son apparition, il se trouve déjà devant une scène déterminée. Mallebranche et d'autres ont attribué le plus grand nombre des erreurs à l'imagination et au sentiment; c'est qu'en effet, le microcosme particulier, d'après lequel on juge l'univers, est circonscrit par le sentiment. L'observation était juste; il fallait seulement ajouter que ce microcosme sentimental est aveugle, et qu'il ne devient une erreur qu'à l'instant où il se trouvait affirmé par l'entendement.

CHAPITRE IX.

De la méthode.

Les principes de toutes les méthodes se réduisent à deux règles fort simples : *observer et raisonner*; et comme il est impossible de raisonner sans données, et d'observer sans raisonner, il en résulte que les deux règles sont indivisibles et se fondent dans la troisième qui est celle de penser. Si on voulait la violer, on ne le pourrait pas. Tous les autres préceptes ne sont que des corollaires en eux-mêmes fort sages et fort inutiles. Dire qu'on ne doit pas se fier à l'autorité, que la probabilité n'est pas la certitude absolue etc., c'est dire ce que personne ne peut ignorer. Mais les philosophes naissent au milieu des hommes, se trouvent en présence des systèmes, des opinions dominantes, pour les attaquer, pour s'emparer des esprits, pour donner une nouvelle direction à la pensée, ils doivent développer leurs principes en autant de règles qui servent d'armes pour le combat, et qui soient en même temps des démonstrations en puissance pour appuyer leur doctrine. Ces règles, qui nous paraissent si simples, expriment autant d'innovations ; chacune d'elles est une batterie dressée contre les erreurs d'une époque. Quand Descartes attaquait *l'autorité*, il attaquait en elle toute l'influence religieuse ; il livrait le monde entier aux libres investigations de la raison ; il émancipait l'esprit humain. Quand Bacon a proclamé *l'observation*, ce mot découvrait tout un monde ; il ébranlait toutes les prémisses de tous les syllogismes du moyen âge ; il dédoublait la science en y faisant entrer toute l'expérience moderne et celles des siècles à venir. *La méthode psychologique* de l'école écossaise avait une valeur analogue ; en dérobant les phénomènes de la conscience aux analogies du monde extérieur, elle renfermait une série de découvertes. Les moindres règles de toutes les grandes logiques, a commencer par celle des Eléates, ont eu leur mission, leur profonde signification ; elles sont tombées en désuétude avec la chute des philosophies qu'elles combattaient. Il serait du plus haut intérêt de suivre l'histoire de la logique à ce point de vue ; mais pour ne pas nous écarter de notre sujet, nous devons remarquer l'émancipation progressive de la logique moderne vis-à-vis de la religion et de la dialectique.

Toute philosophie, avons-nous dit, engendre sa méthode, et toute philosophie moderne, en se séparant de la religion, s'est trouvée forcée de l'attaquer par sa méthode ou de la fausser par une logique exceptionnelle. Ainsi les Cartésiens posaient la claire et distincte perception ; pour eux tout ce qui était obscur ou confus était douteux ; cela détruisait les mystères du christianisme, et Mallebranche était forcé de dire « qu'on aurait tort de demander « aux philosophes qu'ils donnassent des exemples « clairs et faciles de la manière dont le corps de « Jésus-Christ est dans l'eucharistie. » La claire et distincte perception soumet la science à la raison individuelle ; elle flétrit comme un esclavage le désir de connaître les opinions des autres ; cependant

Mallebranche ajoutait « que dans les matières de foi « ce n'est pas un défaut de chercher ce qu'en ont cru « Saint-Augustin ou les autres pères de l'Eglise. » La méthode de Descartes détruit l'autorité, prêche l'innovation. Mallebranche faisait une nouvelle exception en faveur de l'Église ; on doit innover partout, disait-il, hormis dans la religion. L'école expérimentale a suivi la même marche. Bacon signalait l'union de la philosophie et de la religion comme une source d'erreur, comme un mariage illégitime ; c'est qu'il voulait réduire toutes les connaissances à l'expérience. Locke, qui cherchait la vérité dans les idées simples, données par la sensation, s'efforçait de démontrer que la révélation n'introduit pas de nouvelles idées ; qu'elle est supérieure à la raison sans lui être opposée. Campanella, qui se chargeait de représenter toutes les contradictions de son temps, établissait deux logiques, l'une suivant Christ, l'autre suivant les hommes : avec la première il voulait convertir les quatre grandes nations ; avec l'autre il réformait les sciences. Au XVIII siècle on ne se soucie plus de la logique chrétienne ; on n'en trouve plus de traces dans les ouvrages de Condillac, encore moins dans ceux de Destutt de Tracy. L'école théologique moderne a nié toute la logique humaine, et cela était nécessaire, si on voulait retourner à la logique du christianisme. Remarquons ici que les progrès de la raison humaine forcent toujours les opinions arriérées à se développer jusqu'à l'absurdité.

Une révolution analogue a émancipé avec ces mêmes gradations, la philosophie de la dialectique. Ce fut la renaissance qui commença l'insurrection en s'appuyant sur l'imitation des anciens : c'était changer de béquilles ; mais en attendant, ces formes barbares tombaient en desuétude, et quand on arrive au XVII° siècle, on trouve Gassendi qui les traite de *nugæ scholasticæ*. La révolution fut complétement achevée par Bacon et Descartes, mais le premier donna la législation de l'induction si enveloppée de formes, qu'on peut dire qu'il attaque l'allitération de la pensée dans le syllogisme pour la transporter dans l'induction. La révolution de Descartes fut plus libre, les quatre règles de la méthode cartésienne abolissaient le syllogisme sans l'attaquer ; mais elles y substituaient les formes et l'ordre des mathématiques. Ainsi, tandis que l'école expérimentale disait que le syllogisme *assensus perstringit non dutem res*, l'école rationnelle montrait que la claire et distincte perception est plus puissante que le syllogisme. Après Bacon et Descartes, la *topique* disparaît ; les lieux communs, et les mnémoniques sont remplacées par la libre observation, et les logiques offrent les anciennes règles de la dialectique réduites, rentrant les unes dans les autres, et négligées à côté de nouvelles règles expérimentales ou rationnelles qui se développent. Wolff donne une simplification de la dialectique à côté de la tradition cartésienne, d'une part, il réduit les règles du raisonnement à la contradiction, à la confusion des différences, aux fausses prémisses, aux fausses conséquences ; de l'autre il dénombre les fausses opinions d'après la méthode cartésienne en les réduisant à l'examen incomplet, à la déférence excessive pour une autorité, à l'excessive confiance dans nos forces, à la précipitation du jugement. La double tradition des deux écoles est encore plus évidente dans la logique de Port-Royal ; là les auteurs rapportent les anciennes règles du syllogisme sans y croire «Nous devons plutôt, disent-ils, examiner la « solidité d'un raisonnement par *la lumière naturelle* « *de la raison* que par les formes». Ils donnent le dénombrement des sophismes d'Aristote, mais ils ont soin de mettre à côté bon nombre de causes d'erreur tirées de Mallebranche. Plus tard cette lumière naturelle de la raison, plus puissante que le syllogisme, pénètre pour ainsi dire dans le syllogisme lui-même, Euler et Buffier en réduisent toutes les règles à une seule, qui n'est pas autre chose que le principe de contradiction. Dans l'école rigoureusement expérimentale, l'ancienne méthode disparait encore plus vite: Bacon avait substitué l'induction au syllogisme, les *idola* aux sophismes. Chez Locke, la claire et distincte perception est transportée au point de vue expérimental, la dialectique est remplacée par des règles semblables à celles de Descartes et de Wolf, quoique la vérité pour Locke soit dans la nature et non pas dans la raison. La logique de Condillac est de toutes la plus subversive : là, tout est changé, tout est oublié ; pour Condillac la pensée, c'est la parole ; raisonner juste c'est parler juste ; il disait que les langues sont autant de méthodes analytiques. Avant lui, Hobbes avait reduit la logique à un calcul, à une supputation d'idées ; mais il l'avait laissée sous la direction des mathématiques. Destutt de Tracy, qui reproduit tous les dédains de son siècle contre la dialectique, développa les conséquences de la logique de Condillac, et attaqua en même temps, l'Organon de Bacon et celui d'Aristote. Il disait que le premier donnait des règles aussi puériles que celles de la dialectique ; Bacon en les suivant dans ses recherches sur la chaleur, en obtenait pour résultat que « La forme ou l'essence de la chaleur est d'être « un mouvement expansif, comprimé en partie, « faisant effort, ayant quelque tendance de bas en « haut point lent, mais vif et un peu impétueux. » Quant à l'Organon d'Aristote, il remarquait : 1° que ses règles manquent de base, puisqu'elles ne nous apprennent rien sur la partie la plus importante du raisonnement, les principes. 2° Qu'elles sont plus difficiles à comprendre que les difficultés qu'elles sont destinées à éclaircir. 3. Qu'elles ne sont absolument bonnes à rien, puisque dans tous les cas embarrassants, ce que nous pouvons faire de mieux est de ne pas nous en servir, et de nous décider même contre ce qu'elles nous paraissent prescrire.

La logique s'est détruite à force de se simplifier. L'école éclectique, en réunissant le double instrument de l'induction et du syllogisme, a rendu un noble service à la science; car elle a justifié et vérifié les deux Organons d'Aristote et de Bacon, contre le mépris du XVIII° siècle. Mais les a-t-elle arrachés à l'oubli dans lequel ils sont tombés ? Non ; celui qui voudrait à la lettre réunir les deux logiques, se trouverait dans l'embarras d'un homme qui s'affublerait des armures des Grecs et du moyen âge, pour ne rien combattre. — Aristote, les philosophes du moyen âge, Bacon lui-même, donnaient leurs logiques, comme des armes toute-puissantes, comme les clés de toutes les sciences, comme les instruments, qui livraient à quelques individus toute la sagesse humaine. Quel est le logicien moderne qui pourrait avoir une pareille prétention ? — C'est que la pensée est affranchie ; c'est qu'elle est libre, aussi libre qu'elle peut l'être dans l'homme. Si elle garde encore quelques formes, ce ne sont à peu près que les formes du langage ; il en est de la philosophie comme de toutes les institutions sociales ; malgré les simplifications du progrès, les formalités ne disparaissent jamais entièrement ; elles ne font que diminuer. Tant que la société existera, il y aura des cérémonies civiques : n'avons-nous pas encore des couronnements ? Il faut cet appareil, ces pompes, ces symboles pour fixer les idées au milieu des hommes.

Résumons-nous : — La recherche des causes d'erreurs a dû commencer avec la recherche de la vérité ; elle a été comme la contre-partie de toutes les philosophies. Mais en général les philosophes anciens ont parlé de l'erreur ; ce sont les modernes qui ont traité de l'erreur : nous avons remarqué ce progrès dans les deux écoles de Bacon et Descartes (chap. I et III). — La discussion, ainsi ouverte, au point de vue psychologique, nous l'avons suivie dans les débats des écoles expérimentales et rationnelles, depuis Mallebranche jusqu'à Kant. Nous avons trouvé que toutes les facultés de l'âme sont infaillibles ; il en résultait que l'erreur s'engendre dans leur combinaison, et précisément dans la combinaison des trois termes qui constituent la connaissance (chap. IV, V, VI et VII.) — Restait à indiquer les garanties contre l'erreur : les logiques parlent de l'erreur, après avoir tracé les règles pour l'éviter. Quelle est donc la garantie que la méthode offre à l'entendement humain ? Répondre catégoriquement à cette demande, c'était faire une philosophie ; y répondre historiquement, c'était écrire l'histoire de la philosophie. Nous avons préféré montrer quelle est la nature des formes logiques, et quel est le rôle qu'elles jouent dans l'histoire de la philosophie (chap. II et IX). A présent, il sera facile de déduire une conclusion : — Il y a deux choses à distinguer dans une méthode, le fond et la forme. Pour le fond elle sort de la philosophie qu'elle sert; c'est une espèce de démonstration en puissance; quand on trace une méthode, la philosophie est déjà faite. Attaquer le syllogisme, c'est attaquer Aristote, combattre la méthode cartésienne, c'est combattre Descartes. Quant à la forme, la méthode est un moyen artificiel qui soutient la pensée, qui lui donne des armes contre ses adversaires, des conseils contre les dangers de l'époque, et qui la tient au niveau de la science, malgré toutes les fluctuations du langage populaire, des usages, des mœurs, des préjugés. Avec les progrès de la civilisation, les règles de la logique rentrent les unes dans les autres et tombent en désuétude; les méthodes se réduisent à quelques pages ; mais à toutes les époques elles obéissent à la philosophie et ne lui commandent jamais ; elles combattent les erreurs qu'elle a détruites, elles laissent subsister celles qu'elle contient. Trouver une méthode infaillible, ce serait sortir du diallele pour trouver un critérium au-dessus de toutes les démonstrations, comme disaient les anciens, ou plutôt, comme disent les modernes, ce serait sortir de la raison humaine, pour vérifier toutes ses lois.

Cette thèse sera soutenue le   1840, par J. Ferrari aspirant au grade de docteur.

Vu et lu, à Paris, en Sorbonne, le 9 juillet 1840, par le doyen de la Faculté des lettres de Paris,

Vict. LE CLERC.

Permis d'imprimer.

L'inspecteur-général des études, chargé de l'administration de l'Académie de Paris,

ROUSSELLE.

TABLE.

Chap. I. De la philosophie ancienne — page 6
Chap. II. Transition de la philosophie ancienne à la moderne. — 17
Chap. III. De la philosophie moderne. — 23
Chap. IV. La volonté. — 32
Chap. V. La sensation. — 38
Chap. VI. Le langage, l'association, la mémoire. — 42
Chap. VII. Le jugement. — 47
Chap. VIII. La pensée. — 60
Chap. IX. La méthode. — 65

www.ingramcontent.com/pod-product-compliance
Lightning Source LLC
LaVergne TN
LVHW051456090426
835512LV00010B/2177